El amor a la tierra

Emiliano Zapata

TEZONTLE

El amor a la tierra

Emiliano Zapata

Enrique Krauze

Investigación iconográfica: Aurelio de los Reyes

Biografía del poder / 3

FONDO DE CULTURA ECONÓMICA

Primera edición,   1987
  Tercera reimpresión,   1992

Agradezco la ayuda de las siguientes personas:
María Teresa Alarcón, Patricia Arias, Aurelio
Asiáin, Federico Barrera Fuentes, Florencio
Barrera Fuentes, Rafael Carranza, Adolfo
Castañón, Julio Derbez, Lila Díaz, Javier García-
Diego, Renée González, Moisés González Navarro,
Luis González y González, Julio Gutiérrez, Alicia
Hernández, Juan Carlos Ibarra, Alberto Isaac,
Jaime Kuri, Valentín López, Josefina Moguel,
Laura Martínez, Guillermo Montaño, José
Antonio Nava, Norma Ogarrio, Margarita de
Orellana, Guadalupe Pacheco, Hortensia
Torreblanca, Eduardo Turrent, Fausto Zerón-
Medina y Mercedes Zirión de Bueno.

Diseño, portadas e interiores: Germán Montalvo
Fotografía de la portada: Jorge Pablo de Aguinaco

ISBN 968-16-2288-X (tomo 3)
ISBN 968-16-2285-5 (obra completa)
ISBN 968-16-2782-2 (edición de lujo)

Impreso en México

Cuatro siglos de resistencia

Propiedad nuestra será la tierra, propiedad de gentes, la que fue de nuestros abuelos, la que dedos de patas que machacan nos han arrebatado.

Manifiesto en náhuatl de Emiliano Zapata, 1918.

1. Difícil encuentro.
2. La cruz y la espada.
3. El evangelio.

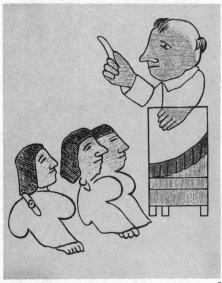

3

L A CONQUISTA DE MÉXICO fue uno de los encuentros más misteriosos en la historia humana. Sus significados profundos, sus implicaciones culturales y hasta teológicas escapan todavía a nuestra comprensión. Podemos imaginar la mente renacentista con su orgullosa fusión de la cruz y la espada, del espíritu y la empresa. Mucho más difícil, quizá imposible, es comprender lo que en verdad pasaba por la mente del pueblo indígena. Pero no todo es Babel. Hay actitudes universales. Entre ellas están tres que caracterizaron la respuesta de los indígenas a la intrusión de aquellos hombres-dioses en su territorio natural: el agravio, el repliegue, la resistencia.

Si la Conquista y los tres siglos coloniales se hubiesen desplegado sólo bajo el signo del interés material, ninguna de las tres actitudes hubiese persistido. No sin enormes dificultades, los encomenderos

1

2

5

4

y sus continuadores hubiesen cercado por entero a la población indígena y ejercido sobre ella un dominio creciente que habría conducido al desarraigo, la esclavitud o incluso al exterminio. No fue así. Aunque la vida indígena durante la Colonia tuvo sin duda momentos y lugares que se aproximaron a los extremos característicos de la conquista anglosajona, su sentido general fue muy distinto. La numerosa población nativa, con su inmenso mosaico de culturas y creencias, era en sí un tejido humano difícil de rasgar, más aún cuando en su ayuda llegó la otra vertiente de la Conquista: el manto protector de la Corona. Así, en vez de la brutal colisión de dos mundos remotos, extraños y casi irreductibles entre sí, la Nueva España dispuso su vida social siguiendo la forma de un triángulo: los intereses materiales al acoso, los indígenas en la resistencia, la Corona protectora —no siempre con éxito.

Concentrémonos por un momento en el segundo vértice. Según explicaba el entrañable maestro José Miranda, la intrusión en su territorio provocó en las comunidades indígenas un doble repliegue: por un lado afianza aún más la unidad íntima y sustancial del hombre y la tierra; por otro, favorece el particularismo y exclusivismo de las unidades políticas llamadas "pueblos". Aunque la idea misma de propiedad por la que pugnan los españoles —opuesta al sentido comunal de la tierra característico de los indígenas— actúa contra la supervivencia de los pueblos y el arraigo de los hombres, otros muchos factores sirvieron a esa misma supervivencia: la separación física entre asentamientos indios y españoles; la permanencia de las autoridades políticas indígenas dentro de los pueblos; la baja densidad demográfica de los españoles. Junto a estos factores generales que trabajaban en favor de su subsistencia, los indios ponían su parte mediante diversas estrategias legales —amparos, mercedes—, pacíficas, extralegales —avanzadas, zonas de contención— y violentas —quemas, asaltos—. Así, a pesar de un aumento notable en la

4-7. Unidad íntima y sustancial del hombre y la tierra.

cantidad e intensidad de los conflictos por tierras durante la etapa de centralización borbónica, la conclusión de Miranda es idéntica
a la que, cuantitativamente, llegó el historiador norteamericano
John Coatsworth: "el poder judicial relativamente independiente,
característico de la Colonia, ofrecía un margen de protección a los
derechos de propiedad individuales y corporativos de los pueblos indígenas". Con todo, agrega Coatsworth —y Miranda no lo habría
contradicho— "ninguna otra región de América (...) presenta, en
sus querellas por la tierra, una riqueza y diversidad semejantes". Al
cabo de tres siglos de tensa dominación, los tres vértices permane-
cían en su sitio. En 1810, solamente en la zona central del país, cuatro mil pueblos indígenas habían sobrevivido.

6

7

8

8. Justicia española.

9

10

La Independencia disolvió el triángulo o, más exactamente, abatió uno de sus lados hasta la convergencia de dos vértices: la autoridad política y el interés material. Una nueva filosofía opuesta tanto al comunalismo indígena como al neotomismo sentaba sus reales: el liberalismo. En nombre de la igualdad de todos los individuos, las nuevas legislaciones volteaban la espalda a las formas de protección y tutela sin advertir que con ello propiciaban mayor desigualdad. "El sistema comunal —escribía Francisco Pimentel— ha hecho perder al indio todo sentimiento de individualismo, de empresa individual." Había que volverlo, según implicaba el razonamiento, a su estado natural. No otra cosa sancionaron la Ley de Desamortización de 1856 y la prohibición a las corporaciones civiles de adquirir o administrar tierras, que validó la Constitución de 1857.

No sólo la filosofía política de la época cercaba a las comunidades indígenas hasta el punto de su virtual extinción o asimilación. También el cuadro político que siguió a la Independencia. En la medida en que el nuevo Estado nació débil, pobre e incapaz de reintegrar la estructura del antiguo régimen, los poderes locales y regionales se fortalecieron hasta convertirse en feudos que actuaban con impunidad frente a los pueblos. Pero las verdaderas tensiones comenzaron hacia 1840, ligadas a movimientos políticos más amplios como fueron las guerras civiles y con el extranjero. De pronto, en varios puntos del territorio nacional las antiguas comunidades —desprovistas ya de protección legal, conscientes del desmoronamiento del poder central— optan cada vez más por la vía de la violencia. Joel Poinsett había escrito en los albores de la Independencia: "Suspira el indio deseando el retorno del Virrey que le aseguraría garantías personales y contribuciones moderadas." Dos decenios más tarde, desde Sonora hasta Yucatán, los indios habían trocado los suspiros por las armas.

12

Aquella geografía bélica fue impresionante. Sin tomar en cuenta las guerras apaches que asolaron todo el septentrión novohispano y mexicano por más de dos siglos y cuya raíz y razón no distaba mucho, en el fondo, de la que animó a muchas rebeliones indígenas, los focos de violencia campesina brillaron en buena parte del territorio nacional. En 1825 se inicia la guerra de los yaquis y mayos en defensa del valle que "Dios les dio". Duraría un siglo sin solución de continuidad. En 1833 hay levantamientos contra propietarios de haciendas en Temascaltepec. Un año después, y provisto ya del lema "Tierra y agua para los pueblos", estalla un movimiento reivindicador en Ecatzingo, Hidalgo. En 1843, el clamor por la defensa de las tierras se escucha en Guerrero. En 1847, un testigo describe la situación de las Huastecas: "(Hay) dos tendencias nefastas: la magia y la posesión común de tierras." Mientras las tropas norteamericanas invaden México, los indios mayas defienden otra nación: la de sus antepasados. La Guerra de Castas duraría más de medio siglo. Años más tarde, no muy lejos de aquel escenario sagrado, los tzeltales, en Chiapas, vindican por la fuerza sus tierras y sus valores religiosos. En otro polo del país, Nayarit, Manuel Lozada, *el Tigre de Álica*, intenta por espacio de casi veinte años recuperar las tierras de las comunidades y sueña con un ideal aún más ambicioso: el renacimiento de un imperio indígena.

No es casual que contemplando aquel vasto despliegue de resistencia Guillermo Prieto haya dicho: "Nos hemos convertido en los gachupines de los indios." Tampoco lo es que Maximiliano se convirtiera en una especie de campeón de la causa indígena. "Los indios —escribe un testigo— le manifestaron en todas partes un fanático entusiasmo." Tanto Lozada como Tomás Mejía —cacique indio de

9. La legislación liberal volteó la espalda a las formas de protección.
10. "...el sistema comunal ha hecho perder al indio todo sentimiento de individualismo..."
11. Los apaches defienden su espacio.
12. Guerra de castas.
13. Los gachupines de los indios.

13

14

Sierra Gorda— lucharon del lado imperialista. Por su parte, Maximiliano no los defraudó. Conforme su efímero reinado se acercaba al fin, perfiló a tal grado sus ideas agraristas e indigenistas que sus propios ministros lo acusaban de volver a las Leyes de Indias. Y no estaban muy lejos de la realidad. En un primer decreto reconoce a los pueblos personalidad jurídica para defender sus intereses y exigir a los particulares la devolución de sus tierras y aguas. El 16 de septiembre de 1866 expide una ley agraria que habla de restitución y dotación de tierras y que, en esencia, se adelanta 50 años a la Constitución de 1917.

Aquella ley tendría la vigencia del Imperio. Durante la República Restaurada, en muchos lugares volvería la zozobra. En 1877 estalla en Hidalgo un movimiento cuyo origen es "el afán de los pueblos por traspasar los estrechos límites a que está reducido su fundo". Entre 1879 y 1881, los indios de Tamazunchale pelean por "recobrar ciertos terrenos que alegaban ser de su propiedad". Con el ascenso del régimen porfiriano se introducen las famosas Leyes de Baldíos (1883) que, a juicio de varios autores, provocaron aún más tensión en el campo. No obstante, las pruebas cuantitativas de Coatsworth apuntan en otro sentido: fuera de la Guerra del Yaqui en el Noroeste y la de Castas en Yucatán "no ocurrió ningún levantamiento mayor en México después de la pacificación de la Huasteca en 1883". Con la sola y notable excepción de Chihuahua —isla his-

16

14. El primer indigenista.
15-18. Los yaquis defienden "el valle que Dios les dio".

17

18

tórica y geográfica siempre inquieta— la era porfiriana transcurrió en una paz construida sobre bases injustas, pero paz al fin. A pesar de sus raíces liberales, el presidente Díaz había reinstaurado un poco —muy poco— el antiguo triángulo colonial: si bien aplicaba con los hacendados el imperativo de *laissez faire, laissez passé*, como buen heredero de la nobleza indígena y el paternalismo colonial atendía, escuchaba y, por excepción, protegía a los representantes indígenas o campesinos —siempre y cuando no le fueran hostiles, como los yaquis o mayas.

En 1910 habían transcurrido casi cuatro siglos de resistencia desde la Conquista. Virreyes, encomenderos, oidores, hacendados, misioneros, visitadores, intendentes, corregidores, insurgentes, presidentes, emperadores, gobernadores, invasores habían ido y venido con sus filosofías y sus idolatrías, sus banderas y sus leyes. La tierra seguía allí. También seguían allí los indios, muchos de ellos amestizados pero todavía en unidad íntima y sustancial con la tierra. Y también seguían allí los pueblos, celosos de su identidad particular, recelosos de los pueblos vecinos. En aquel parteaguas nacional, el 41% de ellos había logrado retener sus tierras.

Paraíso perdido

EN AQUEL MOSAICO INDÍGENA que resistió asido a la tierra y replegado en la atalaya vital de sus pueblos hay zonas de confrontación trágica como Yucatán, Nayarit o Sonora y regiones en que el conflicto adoptó formas en apariencia menos violentas, pero que en su misma persistencia, variedad e irresolución, en la misma complejidad de elementos en juego, preparaban una reacción cataclísmica. Es el caso de la región que desde 1869 comprendería al estado de Morelos.

El primer dato de esa rica porción del Marquesado del Valle es su belleza. No hay en aquel paisaje traza alguna de la "aristocrática esterilidad" que Alfonso Reyes vio en otras zonas ariscas de Anáhuac. Algún emperador azteca hizo un jardín botánico en Oaxtepec, pero podía haberlo prolongado hacia cualquiera de los puntos cardinales.

Aquel jardín tenía, desde el inicio, una ventaja evidente: su cercanía con la capital. Era natural que los conquistadores-empresarios comenzaran a solicitar mercedes para explotar la riqueza de la zona que no sólo ofrecía una combinación perfecta de valles, ríos y climas

19. Caña cruel.
20. Bajo el volcán.

978. View East from Cortés Palace Cuernavaca Mex.   Waite Photo Copyrighted.
En propiedad

21

sino una densa población indígena que podía servir como mano de obra. El primer capitalista de la región —Hernán Cortés— introduce muy pronto el cultivo de la caña, pero sus sucesores comprenderán que la densidad de pueblos indígenas y su cohesión interna no son un apoyo para la gran empresa agrícola sino un obstáculo que cuenta, además, con la bendición de la Corona. La prueba mejor de esta versión morelense del triángulo colonial está en una resolución del virrey De Mendoza en 1535 en favor de los indios de Cuernavaca en su querella con el Marqués del Valle: "les hiciedes volver y restituir todas y cualesquier tierras (...) tomadas y ocupadas". En 1573, la norma de protección da un paso más: dotan a los pueblos de sus ejidos y de un fundo legal de 100 hectáreas. Era claro desde el siglo XVI que aquella zona privilegiada por la naturaleza quería serlo también por la Corona. El paisaje denotó por siglos esa condición: ninguna gran ciudad o villa española se asentó en la región. El futuro estado de Morelos constituía, como Oaxaca, un vasto sistema ecológico indígena, pero, a diferencia de ésta, era una región acosada por el vértice materialista del triángulo colonial.

De acuerdo con investigaciones de Alicia Hernández, el siglo XVII morelense transcurrió en cierta aunque no santa paz.

936. La Plaza y Palacio de Cortés. Cuernavaca.

Como en toda la Nueva España, es un siglo de depresión económica y demográfica. Casi todos los problemas —*los agravios*— de los pueblos se deben a razones territoriales (mercedes otorgadas a españoles en detrimento de sus tierras) o motivos políticos (defensa de su independencia como "cabecera" o frente a otras "cabeceras"). También comienzan a aparecer las querellas contra los grandes teratenientes de la época: las corporaciones religiosas. Muchos de los "pedimentos" de los pueblos contienen fórmulas como "desde tiempo inmemorial" o "herencia de nuestros antepasados". Aunque la suerte final de estos litigios es variada, las autoridades protegen, en buena medida, la vida indígena.

El panorama cambia drásticamente con el ascenso de los Borbones en el siglo XVIII Los factores de resistencia de los pueblos van cediendo ante el auge económico y demográfico que caracteriza al periodo, y ante la consolidación de la hacienda como unidad ecológica. Muchos comerciantes de la capital invierten sus excedentes en la compra de haciendas cañeras en la zona. Por otra parte, el rechazo cultural indígena a los modos de vida ajenos parece ceder poco a poco debido a la cercanía de la metrópoli y las haciendas, y a que la vocación de los Borbones por la justicia es mucho menos clara que la de sus antecesores los Austrias. Pero se trata de una debilidad aparente: con el avance del siglo, avanza la tensión. Cercadas hasta en su fundo legal, las comunidades piden ya con impaciencia constancias de antiguas mercedes. Hay pueblos que desaparecen por

21. El marqués del Valle de Oaxaca.
22. El palacio de Cortés.
23. Títulos de tierra del pueblo de Mazatepec, Mor.

falta de títulos o que pierden sus tierras por arrendarlas a una hacienda que termina por apropiárselas. Desde entonces los títulos ad-
quieren una imantación sagrada. A diferencia del siglo XVII en que
los pueblos entablan sus litigios contra personas u órdenes, en el
siglo XVIII el pleito típico es de *restitución* de tierras contra la hacienda. "Nos dejan —dice un testimonio de la época— las tierras
montañosas o pedregosas que no sirven e las mejores que son de pan
llevar son las que pretenden quitar..." Otro testimonio, no menos
conmovedor, apunta:

> están tan estrechos que ha muchos de ellos por no caber en el ám-
> bito de lo que llaman pueblo y sus Barrios, les ha sido forzoso es-
> tar viviendo en las haciendas e fabricar sus casas en las tierras
> que llaman de éstas, pagando a los hacenderos el arriendo del sitio
> donde las tienen, que están tan reducidos que las cercas de pie-
> dras de las dichas haciendas levantadas a forma de muralla no dis-
> tan diez varas de sus casas.

Algunos pueblos situados en montes, bosques o tierras inconve-
nientes sobreviven. A otros los invaden "los hacenderos" hasta en
su fundo legal. El procedimiento solía seguir una misma pauta: invasión, nuevo "amojonamiento" (cerca), amparo del pueblo, suspensión de las diligencias, solicitud de títulos, búsqueda —a veces
trágicamente infructuosa, siempre onerosa y dilatada— de títulos,
diferición por decenios... o siglos. Muy pocos de los litigios que llegan al año 1800 se resuelven. De los 24 casos que Alicia Hernández estudió, en 15 se pierden las tierras de labor y en nueve la totalidad de
las tierras.

Su conclusión para el periodo es clara: "La existencia de vías legales, aunque limitadas, mantuvo viva la lucha."

Quizá la animadversión del cura Morelos por las grandes haciendas y su idea de mutilarlas provenía en parte de que aquella zona de
tensión entre pueblos y haciendas era uno de los escenarios primor-
diales de su lucha insurgente. En todo caso, con la Independencia si-
guieron en el futuro estado de Morelos 30 años de paz. En realidad
fue un periodo de reacomodo. Con la expulsión de los españoles,
hubo un cambio constante en la propiedad de las haciendas. De
pronto, hacia los años cuarenta, la marea vuelve a subir y no sólo en
sentido figurado: una de las señales ominosas es la inundación deli-
berada de las tierras del pueblo de Tequesquitengo por parte de la
hacienda de Vista Hermosa.

Durante la década que inicia con la guerra contra los Estados
Unidos, varios pueblos de la zona emprenden de nueva cuenta su
antigua lucha por la restitución de las tierras usurpadas por las haciendas. En 1848, los campesinos de Xicontepec, al sur de Cuernavaca, ponen los linderos de su propiedad en el patio mismo de la hacien-

da de Chiconcoac y poco más tarde ocupan la hacienda de San Vicente donde —según explica Leticia Reina— "levantaron nuevas mojoneras que señalaban la recuperación de las tierras comunales". En octubre de 1850, los indígenas de la municipalidad de Cuautla, cercana a la hacienda de Santa Inés, rompen el *tecorral* (barda de piedra) construido por el hacendado. Aunque las tropas acantonadas en Cuernavaca reciben órdenes de reprimir a los indios, los soldados no las cumplen argumentando que "el pueblo, exasperado de no tener tierras donde vivir y convencidos de que el fundo está hace mucho tiempo usurpado por las haciendas, había dirigido sus quejas al supremo gobierno (...) y que lejos de que aquella queja fuera oída, se echó al olvido...". Las autoridades centrales vieron en estos movimientos el contagio de la revolución social que acababa de ocurrir en Francia. En un informe fechado hacia 1850, el prefecto político de Cuernavaca describe un elemento real del problema, el agravio de la tierra: "La palabra tierra es aquí piedra de escándalos, el aliciente para un trastorno y el recurso fácil del que quiere hacerse de la multitud."

Dos años más tarde, el comandante general de Cuernavaca apunta otro elemento clave, el agravio de la raza: "Quieren dirigir la revolu-

24. Tequesquitengo: el hacendado inundaría el pueblo.

25. Francisco Leyva.
26. Chapitel de Cuernavaca.

ción (...) lanzándose contra las personas de los españoles y haciéndolos asesinar."

Ambos motivos están presentes en un suceso que impresionó a la opinión de la época. En 1856 la sangre llega al río en las haciendas de Chiconcoac y San Vicente. Los campesinos las asaltan, matan a machetazo limpio a los hacendados españoles y se hacen de armas y caballos. En la capital, el bando conservador atribuye la incitación al general liberal Francisco Leyva y al gran cacique liberal de Guerrero que había iniciado la Revolución de Ayutla: Juan Álvarez. Por su parte, *Tata Juan* responde con un "Manifiesto a los pueblos cultos de Europa y América", radiografía crítica del paraíso perdido:

La expropiación y el ultraje es el barómetro que aumenta y jamás disminuye la insaciable codicia de algunos hacendados; porque ellos lentamente se posesionan, ya de los terrenos de particulares, ya de los ejidos o de los de comunidad, cuando existían éstos, y luego con el descaro más inaudito alegan propiedad, sin presentar un título legal de adquisición, motivo bastante para que los pueblos en general clamen justicia, protección, amparo; pero sordos los tribunales a sus clamores y a sus pedidos, el desprecio, la persecución y el encarcelamiento es lo que se da en premio a los que reclaman lo suyo...

Si quisiera relatar la historia de las haciendas de los distritos de Cuautla y Cuernavaca, lo haría con la mayor facilidad, y cada página iría acompañada de quinientas pruebas; y entonces la luz pública, las naciones y los escritores sin dignidad ni decencia, verían el inicuo tráfico establecido entre los ladrones famosos y muchos hacendados.

Al terminar la Guerra de Reforma un nuevo capítulo de violencia se abrió en la zona: el imperio, un tanto romántico, de los bandidos que se hacían llamar *los Plateados*. Su jefe más connotado era Salomé Plasencia, cuyo rasgo específico —además de la crueldad— era la elegancia: usaba camisas de Bretaña bordadas, botas de campaña que escondían puñales, grandes y hermosos sombreros. Era un estupendo charro: banderilleaba y capeaba toros a pie o a caballo. Sus *Plateados* no se quedaban atrás: todos vestían de riguroso traje charro, con botonaduras de plata, un águila bordada en la espalda, moños o bufandas de colores vivos, botas vaqueras y hasta herraduras de plata. Desde entonces en los pueblos de la región comenzó a escucharse el estribillo:

> Mucho me gusta la plata
> y también me gusta el lustre
> por eso traigo mi reata
> p'a la mujer que me guste.

Además de lazar a las mujeres que les gustaban, *los Plateados* solían asaltar haciendas y caminos. Ya en plena época del Segundo Imperio, un valiente del pueblo de Villa de Ayala —Rafael Sánchez— decide poner fin a las tropelías de Plasencia. Entre los hombres que

27. Salomé Plasencia, el gran plateado.

Ignacio Manuel Altamirano

EL ZARCO

(EPISODIOS DE LA VIDA MEXICANA EN 1861-63)

NOVELA PÓSTUMA

PRÓLOGO DE
D. FRANCISCO SOSA

DIBUJOS DE D. ANTONIO UTRILLO
GRABADOS DE D. J. THOMAS

MÉXICO
ESTABLECIMIENTO EDITORIAL DE J. BALLESCÁ Y C.ª, SUCESOR
572, SAN FELIPE DE JESÚS, 572
1901

28

recluta está Cristino Zapata, del pueblo vecino, Anenecuilco. Plasencia, por su parte, toma también la ofensiva: dejando la caballada escondida en Anenecuilco, por la noche cruza el río con sus hombres para emboscar a Sánchez, quien advierte el peligro a tiempo, pero no evita la balacera. Según cuenta la leyenda local, un milagro lo salva. *Los Plateados* traían balas sagradas:

> Qué milagro tan patente
> hizo mi Padre Jesús
> que mandar matar a Sánchez
> trajeron balas con cruz.

Al poco tiempo, Sánchez aprehende a Plasencia y aplica la justicia directa: lo fusila y lo cuelga en el zócalo de Jonacatepec.

Después de aquel interludio romántico, en 1868 nació el estado de Morelos. Con él renacieron también las disputas por la tierra. En 1871, el primer gobernador Francisco Leyva informaba que se había ocupado sin cesar de la desamortización de las tierras comunales:

...dictando cuantas medidas ha creído conducentes para darle una solución satisfactoria; pero aún se necesitan mayores esfuerzos. La desamortización entre la clase indígena sólo se puede conseguir por medios indirectos, interesando en ella a los que, siendo de su raza, ejercen sobre sus compañeros alguna influencia; porque es tenaz la resistencia que oponen al reparto equitativo que podía hacerse.

Hacia el año de 1879 hubo conflictos en Jonacatepec, Cuautla y Cuahuixtla. Al periódico socialista *El Hijo del Trabajo* llegó una carta significativa de los vecinos de Cuautla que los editores glosaron de este modo:

En todo el estado, y con particularidad en los distritos de Jonacatepec y Morelos, están ya los pueblos desesperados por las tropelías de los hacendados, los que, no satisfechos con los terrenos que han usurpado a los pueblos, siguen molestándolos, quitándoles los caminos que han tenido desde tiempo inmemorial, las aguas con que regaban sus árboles y demás siembras, negándoles además las tierras para la siembra de temporal y el pasto para el ganado de los pueblos, no sin apostrofarlos hasta de ladrones, siendo al contrario. Por consiguiente, a cada momento se ve in-

28. Un clásico de los plateados.
29. Cuautla, 1908.
30. Administrador de la hacienda de Tenango.
31. Manuel Alarcón.

33

sultada la clase infeliz, sin atreverse a hacer valer sus derechos ante la justicia porque don Manuel Mendoza Cortina, dueño de la hacienda de Cuagüistla, dice que aquí la justicia para los pobres ya se subió al cielo, pues él tiene comprados al presidente y al gobernador, haciendo este señor su voluntad.

Renglones adelante el periódico profetizaba "la proximidad de un levantamiento social". Lo cierto es que, al menos en sus expresiones externas, la tensión amainó durante la larga dictadura porfiriana. En 1881 cruza por Morelos el ferrocarril, y tras él su cauda de progreso y perplejidad. Con las nuevas vías y las máquinas centrífugas, las apacibles haciendas adoptaron una ruidosa fisonomía de fábricas. Al doblar el siglo, los 24 ingenios morelenses producían la tercera parte del azúcar del país y alcanzaban el tercer lugar mundial después de Hawai y Puerto Rico. Para su continua expansión, las haciendas necesitaban tierras y mano de obra. Muchas explotaron con mayor intensidad sus propias tierras enganchando con métodos coercitivos mano de obra de los pueblos. Otras procuraron acaparar de nueva cuenta las tierras comunales. Y aunque en el estado gobernaban hombres hábiles y firmes como Alarcón, ex jefe de Rurales que conocía la región como la palma de su mano, el choque entre la vertiginosa modernización y el reclamo de las tierras —contradictorios llamados del futuro y el pasado— presagiaban, en verdad, "la proximidad de un levantamiento social".

◄
32. Ingenio.
33. Trapiche.

Se necesitaba la oportunidad y ésta llegó a fines del porfiriato, cuando la compleja y antigua querella entre pueblos y haciendas, exacerbada por la modernización, se conjugó con un renacimiento político inusitado. Francisco I. Madero solía decir, con plena razón, que el primer estado que ejerció su derecho a la libertad fue Morelos. A la muerte del gobernador Alarcón los hacendados pensaron que lo más natural era imponer un gobernador hacendado, y promovieron ante el Gran Elector (no el pueblo, sino el Presidente) la candidatura de Pablo Escandón. Pero la entrevista Díaz-Creelman no había pasado inadvertida. A principios de 1909 persistía en varios pueblos el recuerdo de las viejas banderas liberales de la Reforma y la Intervención. De pronto, tomando las palabras de Díaz a Creelman al pie de la letra, en Morelos se propuso la candidatura independiente de Patricio Leyva, hijo del general Francisco Leyva, padre fundador del estado y, en sus años estelares, partidario de Lerdo contra Porfirio Díaz. Hubo mítines, reclamos de "tierras y aguas", "mueras" a los "gachupines", motines y represión. Un atribulado y profético catrín escribía a su amigo Francisco Bulnes:

> No creo que la Revolución Francesa haya sido preparada con más audacia y materiales de destrucción que como se está preparando la mexicana. ¡Estoy espantado! Los oradores de Leyva, sin empacho ni vergüenza, han enarbolado la bandera santa de los pobres contra los ricos.

Renglones adelante señalaba como cerebro intelectual del leyvismo a un profesor de Villa de Ayala empeñado en redimir a los oprimidos y erigir en Tlaltizapán la "capital del proletariado en México": Otilio Montaño.

35

34

34. Esperando la zafra.
35. El *fifí* Escandón.

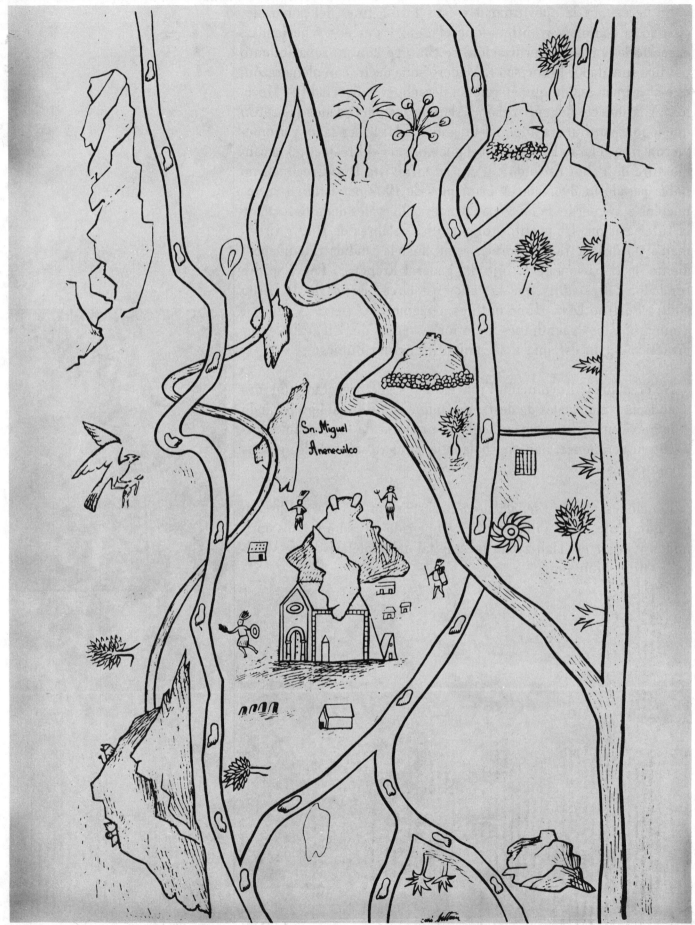

Donde el agua se arremolina

EL PEQUEÑO PUEBLO de Anenecuilco, enclavado en el corazón del paraíso perdido, aparece ya en el Códice Mendocino como tributario de los aztecas. Su traducción del náhuatl es "lugar donde el agua se arremolina". Luego de la Conquista, en 1579 el pueblo se ve forzado a defender —y lo hace con éxito— su condición de "cabecera de por sí" frente al Marquesado del Valle que pretende incorporarlo a otras cabeceras o compelerlo a trabajar en obras ajenas a su jurisdicción. La identidad del pueblo se ve amenazada de nueva cuenta en 1603, cuando las autoridades buscan congregar a su población junto a la de otros dos pueblos vecinos en la villa de Cuautla. Los dos pueblos, Ahuehuepan y Olintepec, ceden ante la presión y desaparecen. Anenecuilco sobrevive. En 1607, el virrey Luis de Velasco le concede merced de tierras, pero ese mismo año se le quitan para la constitución de la Hacienda del Hospital.

Durante el siglo XVII y parte del XVIII, el pueblo vivió de milagro. En 1746 lo componían 20 familias que defienden su fundo

36. Jeroglífico de Anenecuilco.
37. Aquí nació Zapata.

38

legal de un acoso triple: las Haciendas de Cuahuixtla, del Hospital y Mapaztlán. En 1798 el pueblo pide tierras y se opone al acuerdo de la Real Audiencia en favor del hacendado Abad, de Cuahuixtla. Al final del siglo su población ha crecido: el censo de 1799 encuentra 32 familias indias "con todo y gobernador". Un testigo de la época asienta en 1808 que los indios de Anenecuilco —entre los que aparece el apellido Zapata— "arrendaban las Haciendas del Hospital por no serles suficientes las suyas". Ese mismo año se ventila una diligencia entre Anenecuilco y la hacienda de Mapaztlán en la que los representantes de ésta sostienen una declaración reveladora del rencoroso desdén hacia el pueblo:

> La población verdadera de Anenecuilco había venido en decadencia, de muchos años a esa fecha, de manera que no llegaban a treinta las familias de indios originarios del lugar. Que por esa razón no tienen utensilios ni paramentos sagrados por lo que cuando celebran misa los piden prestados al Mayordomo del Señor del Pueblo, Don Fernando Medina, colector de la limosna quien los ha hecho con la ayuda de los rancheros de Mapaztlán y los presta y los guarda según es necesario. Que las tierras que aún tienen los de Anenecuilco son *muy superabundantes* en relación con las que gozan otros pueblos compuestos de cien o más familias, y que por lo tanto las cultivan dejando muchas vacías y arrendando otras. Que permitiéndoseles salir a los indios de la atarjea de cal y canto para entrar en tierras de la Hacienda, causarían un enormísimo daño perjudicando las labores de caña, y robándosela según acostumbran, por lo que se tiene que pagar un peón constantemente para ahuyentar los ganados y cerdos. Que del corto pedazo de tierra que tomarían dentro de la Hacienda apenas podrían sacar diez o doce pesos de renta anual o dos fanegas de sembradura de maíz, perjudicando en cambio a la Hacienda grandemente. Que la atarjea de la Hacienda es hecha a mucho costo y que no podría mudarse por no permitirlo la situación de las aguas necesarias para las sementeras. Que la mayor parte de las tierras de que goza Anenecuilco se las dio la Hacienda *cuando se erigió este Pueblo en principios del siglo próximo pasado.* Que en aquel tiempo, quedaron deslindadas las tierras de la citada Hacienda en la conformidad en que se hallan, y según la cual se hizo la atarjea sin contradicción de parte de los indios. Que por todo lo expuesto los indios no se mueven ni se moverían si no mediara algún secreto impulso, puesto que no tienen necesidad de pedir tierras ya que gozan de grandes ventajas respecto de otros infinitos pueblos, lo cual indica que los indios litigan por sugestión de algún enemigo de la Hacienda.

Por su parte, los indios de Anenecuilco revelan que la querella con las haciendas es tanto asunto de tierras como de dignidad: quie-

38. Cuescomate, granero morelense.

ren ver las resultas del pleito "aunque tuvieran que ceder las tierras que debían reintegrarles las Haciendas del Hospital y Cuahuixtla". La era colonial terminó sin que sucediera ninguna de las dos cosas.

Anenecuilco puso su grano de arena en la Guerra de Independencia. En su pequeña iglesia salvó la vida uno de los insurgentes más cercanos a Morelos: Francisco Ayala, casado con una vecina de Anenecuilco apellidada Zapata. Como en toda la región, los siguientes decenios hasta mediados de siglo son un paréntesis, pero la tregua se rompe en 1853: el pueblo vuelve a pedir su documentación al Archivo General y reabre su pleito con Mapaztlán. En 1864 pide sus tierras a Maximiliano. El Emperador visita la zona de Cuernavaca con asiduidad. Lo atraen el paraíso y *la India Bonita*. Desarrolla una sensibilidad para escuchar y entender los reclamos indígenas, y concede la merced a Anenecuilco. Por desgracia para el pueblo, el Imperio se disuelve. Después del episodio de *los Plateados* que tiene en Anenecuilco uno de sus principales escenarios, José Zapata —criollo de Mapaztlán— ejerce las funciones de gobernador del pueblo. Es él quien escribe a Porfirio Díaz en junio de 1874:

Los ingenios azucareros son como una enfermedad maligna que se extiende y destruye, y hace desaparecer todo para posesionarse de tierras y más tierras con una sed insaciable.

39. Flechazo de Maximiliano y la *India Bonita*.
40. Cuautla.

39

41

43

41-42. Entre cañas.
43. Porfirio prometió ayudarlos.

Cuando usted nos visitó se dio cuenta de esto y uniéndose a nosotros, prometió luchar y creemos, y más bien estamos seguros, de que así lo hará.

Destruirá usted ésta, pues no es aún tiempo de que se conozca el pacto, como usted dice. Sólo es una recordatoria, para que esté este problema en su mente y no lo olvide.

"No descansaremos hasta obtener lo que nos pertenece." Son sus propias palabras, general.

Fiamos en la prudencia que le es a usted característica en que nos disimulará nuestro rústico pero leal lenguaje.

Dos años después, apenas lanzado el Plan de Tuxtepec al amparo del cual derrocaría al gobierno de Sebastián Lerdo de Tejada, Porfirio Díaz recibe una nueva carta, aún más esperanzada y firme, del pueblo de Anenecuilco:

Los tan conocidos para usted, miembros de este club de hijos de Morelos, nos dirigimos nuevamente a usted con el respeto debido para hacerle presentes nuestros agradecimientos por la gran ayuda que hasta ahora nos ha prestado.

Recibimos su nota de comunicación y estamos satisfechos con los adelantos que ha proporcionado a nuestra causa.

Como le hemos estado remitiendo constantemente cartas recordatorias, creemos que no se ha olvidado de nosotros, aunque su última contestación fue de 13 de enero del pasado, sabemos que esto se debe a sus muchas ocupaciones.

General, no tendremos con qué pagarle si podemos realizar nuestro anhelo y salimos victoriosos en este trance tan difícil para nosotros.

Nos damos cuenta de que el problema es bien difícil, pero tenga usted en cuenta que estamos decididos a luchar hasta el fin, junto con usted. Y hemos resuelto todos de común acuerdo, que es preferible que desaparezca la gran riqueza que constituyen los ingenios azucareros (que luego podrá repararse), a que se sigan apoderando de nuestras propiedades hasta hacerlas desaparecer.

Tenemos fe y confiamos en que algún día la justicia se haga cargo de nuestros problemas, guardamos con celo los papeles que algún día demostrarán que somos los únicos y verdaderos dueños de estas tierras.

Las miras de usted, general, hasta hoy siempre han sido justas y nosotros hemos seguido fielmente sus pasos, no creemos ser dignos de olvido.

No estamos reprochando nada, pero queremos estar seguros de que no nos ha olvidado.

De quien sí hemos recibido correspondencia es del Lic. don

Justo Benítez que está con nosotros y también nos apoya en todos los puntos.

Dispense que distraigamos sus ocupaciones, pero el asunto no es para menos; estamos al borde de la miseria unos y los otros han tenido que emigrar por no tener alimentos para sus hijos. Los de los ingenios cada vez más déspotas y desalmados. No queremos cometer con ellos algún acto de violencia, esperaremos con paciencia hasta que usted nos dé la señal para iniciar nuestra lucha.

Confiamos en que usted tampoco ha dado nada a conocer, pues sería peligroso en estos momentos.

Con gran pena le comunicamos el fallecimiento de nuestro querido presidente y a quien considerábamos casi como padre. Mientras, me han nombrado a mí, pero es seguro que no quede de fijo, pues hay otros que más lo merecen.

Por toda respuesta Porfirio —que evidentemente los conocía bien— marcó en el margen: "Contestarles en los términos de siempre. Estoy con ellos y los ayudaré hasta lo último. Siento la muerte del señor Zapata, pues era fiel servidor y capaz amigo."

En 1878, el hacendado de Cuahuixtla Manuel Mendoza Cortina sostiene que "la justicia para los pobres ya se subió al cielo", y emprende un nuevo despojo ahora sobre las aguas del pueblo. Uno de los mandatarios del pueblo, Manuel Mancilla, entabla con él pláticas conciliatorias aunque secretas. Al descubrirlo, los vecinos lo degüellan. "Su cuerpo —escribe Jesús Sotelo Inclán, el gran historiador de la genealogía zapatista del que provienen todas estas noticias y documentos sobre Anenecuilco— quedó tirado por el Cerro de los Pedernales en el camino a Hospital, y lo enterraron fuera del pueblo por traidor, al pie de unos cazahuates blancos, junto al río."

En el caso de Anenecuilco, el porfiriato no fue una era de paz. En 1882, el hacendado de Hospital se queja de que los animales del pue-

44. La tierra siempre.

45

blo maltratan sus cañas. En 1883, los campesinos se cotizan para comprar armas. En 1885, denuncian los huecos y demasías de Cuahuixtla. En 1887, sufren la destrucción del barrio oriental del pueblo llamado Olaque, por el archienemigo Mendoza Cortina. En 1895, Vicente Alonso Pinzón, español, nuevo dueño de Hospital y la hacienda cercana, Chinameca, ocupa tierras de pasto del pueblo, mata sus animales y coloca cercas de alambre. Al inicio de siglo, Anenecuilco retoma, por enésima vez, el camino legal: pide copias de sus títulos al Archivo General de la Nación y busca el dictamen de un abogado célebre, Francisco Serralde. Después de analizar los títulos. Serralde opina: "los títulos amparan plenamente las 600 varas de terreno que se concedieron a los naturales de Anenecuilco por decreto y por ley". Con el dictamen en la mano, en 1906 los vecinos apelan al gobernador, quien concierta una junta con los representantes de Hospital. Un año más tarde, en vista de la irresolución completa de sus antiquísimas demandas, los de Anenecuilco visitan a Porfirio Díaz en la vecina Hacienda de Tenextepango, propiedad de su yerno, Ignacio de la Torre. Habían pasado 40 años desde aquellas cartas esperanzadoras. Porfirio les promete —una vez más— interceder. El gobernador los conmina a acreditar con títulos pertinentes "sus alegados derechos". Nada se resuelve. En enero de 1909, el pueblo interpone un nuevo curso para recobrar sus documentos:

Don Vicente Alonso, propietario de la Hacienda del Hospital, trató de despojar nuestros ganados que allí pastaban y no nos permitía seguir haciendo uso de los campos de sembradura que nosotros siempre habíamos cultivado, por decirse dueño de esa posesión, que nosotros mantenemos y hemos mantenido, por inde-

45. Hacienda de Temixco.

terminado lapso de tiempo por ser exclusivamente de nuestra propiedad.

Aquel año 1909 sería —según recordaba uno de los más activos representantes— "el más pesado". En junio, el administrador de Hospital decidió dar un paso hacia el abismo: ni siquiera en arrendamiento dio las tierras a Anenecuilco. En septiembre, el nuevo presidente del pueblo, el joven Emiliano Zapata, estudia cuidadosamente los papeles de la comunidad, muchos en náhuatl, su lengua materna. En octubre, Zapata busca el patrocinio del licenciado Ramírez de Alba y el consejo del escritor y luchador social Paulino Martínez. Todo sin éxito. En una frase trágicamente célebre, el administrador de Hospital responde así a sus reclamos: "Si los de Anenecuilco quieren sembrar, que siembren en maceta porque ni en *tlacolol** han de tener tierras."

En abril de 1910 el tono de una carta al gobernador ya no es de combate sino de súplica, casi de imploración:

Que estando próximo el temporal de aguas pluviales, nosotros los labradores pobres debemos comenzar a preparar los terrenos de nuestras siembras de maíz; en esta virtud, a efecto de poder preparar los terrenos que tenemos manifestados conforme a la Ley de Reavalúo General, ocurrimos al Superior Gobierno del Estado, implorando su protección a fin de que, si a bien lo tiene, se sirva concedernos su apoyo para sembrar los expresados terrenos sin temor de ser despojados por los propietarios de la Hacienda del Hospital. Nosotros estamos dispuestos a reconocer al que resulte

46. *¡Viva Zapata!*
47. Paulino Martínez.

* *Sitios pequeños y deslavados en las laderas de los cerros.*

dueño de dichos terrenos, sea el pueblo de San Miguel Anenecuilco o sea otra persona; pero deseamos sembrar los dichos terrenos para no perjudicarnos, porque la siembra es la que nos da la vida, de ella sacamos nuestro sustento y el de nuestras familias.

En mayo, el pueblo se juega la última carta: escribe al presidente Díaz. Éste les contesta informando que ha vuelto a recomendar el asunto al gobernador interino del estado, quien de inmediato los recibe en Cuernavaca y les solicita una lista de las personas agraviadas. A los dos días el pueblo le envía el documento, precedido de un párrafo revelador de la intacta memoria histórica del pueblo:

Lista de las personas que anualmente han verificado sus siembras de temporal en los terrenos denominados Huajar, Chautla y La Canoa, que están comprendidos en la merced de tierras concedidas a nuestro pueblo en 25 de septiembre de 1607, por el Virrey de Nueva España, hoy México, según consta en el mapa respectivo, y de cuya propiedad nos ha despojado la Hacienda del Hospital.

A mediados de 1910, Emiliano Zapata advierte que el trance es de muerte y toma una resolución aplazada por siglos: ocupa y reparte por su cuenta y riesgo las tierras. El jefe político de Cuautla, José A. Vivanco, se entera pero no lo toca. Poco tiempo después el presidente Díaz ordena a la sucesión del hacendado Alonso devolver las tierras a Anenecuilco. En diciembre de 1910, Zapata derriba tecorrales y realiza un segundo reparto de tierras, al que se unen los vecinos de Moyotepec y Villa de Ayala. Previendo que las nubes del horizonte eran presagio de un cataclismo social, Vivanco abandona el distrito, no sin antes festejar en un jaripeo con Zapata la reivindicación histórica de Anenecuilco. Tres siglos después de su expedición, la merced del virrey Luis de Velasco, comenzaba a surtir efecto.

48. Cuernavaca.

ZAPATA

La memoria del charro

PARA EL BIÓGRAFO el método deductivo es terreno vedado. Puede legítimamente inducir sus generalizaciones a partir de datos breves y particulares pero el procedimiento inverso es peligroso. Con todo, en el caso particular de Emiliano Zapata hay verdades que pueden partir de generalizaciones previas y no tener más demostración interna que los hechos a los cuales esas verdades dieron lugar.

Cabe afirmar, por ejemplo, sin que para ello existan documentos probatorios, que la verdadera patria de Zapata no fue México ni el estado de Morelos, ni siquiera el distrito de Villa de Ayala, sino la tierra que lo nutrió: el coto particular, único, exclusivo, excluyente que llevaba a cuestas su historia de agravios; que atesoraba como el símbolo mismo de su identidad los títulos virreinales; que en términos raciales, formales y lingüísticos había dejado de ser una comunidad indígena, pero seguía constituyéndola en zonas del ser más profundas; que concebía aún el entorno como una amenaza; que in-

49. Charro entre charros.
50. La casa.

RAIZ Y RAZON
DE
ZAPATA

anenecuilco

Investigación Historica del
Prof. Jesús Sotelo Inclán

EDITORIAL ETNOS
MEXICO 1943

51

52

sistía en reivindicar el derecho a sus tierras no tanto por la necesidad económica sino por el afán de que el enemigo geográfico y fatal —las haciendas— reconociese su derecho a existir tal como había ordenado la autoridad en el origen sancionando derechos aún más antiguos, arrancados quizá a los aztecas; que una y otra vez, generación tras generación, con creciente indiferencia hacia los azares de otras historias que no fueran la propia, acudía ante las autoridades con la merced de Luis de Velasco en la mano, como si 1607 hubiese sido siempre el día de ayer; que desconfiaba de todo y de todos, de las autoridades más que de nadie, pero que no por eso perdía la esperanza de recobrar lo propio, lo entrañable, lo que les había sido robado... Aquella comunidad, Anenecuilco, fue la verdadera patria de Zapata. De aquel pequeño universo no sólo conocía toda la historia: la encarnaba. Todo lo demás le era abstracto, ajeno.

Sus padres se llamaron Cleofas Salazar y Gabriel Zapata. Tuvieron diez hijos. Emiliano, nacido el 8 de agosto de 1879, fue el penúltimo. Nació con una manita grabada en el pecho. Su primer pantalón lo adornó con monedas de a real, como el tío Cristino Zapata le contaba que adornaban sus prendas los famosos *Plateados*, a los que había combatido. El otro hermano de su padre, Chema Zapata, le regaló una reliquia: "un rifle de resorte y relámpago de los tiempos de la plata".

Emiliano estudió la instrucción primaria en la escuela de Anenecuilco, instrucción que comprendía rudimentos de teneduría de libros. La mayoría de sus biógrafos —incluido Sotelo Inclán— toma por buena la anécdota de que el pequeño Emiliano padeció en carne propia la invasión de las huertas y casas del barrio de Olaque, perpetrada por el hacendado Manuel Mendoza Cortina hacia 1887. Viendo llorar a su padre, habría preguntado:

—Padre, ¿por qué llora?
—Porque nos quitan las tierras.
—¿Quiénes?
—Los amos.
—¿Y por qué no pelean contra ellos?
—Porque son poderosos.
—Pues cuando yo sea grande haré que las devuelvan.

A los 16 años queda huérfano, pero no indefenso. Zapata no era ni jornalero ni pobre. Dieciséis años después, en 1911, explicó: "Tengo mis tierras de labor y un establo, producto no de campañas políticas sino de largos años de honrado trabajo y que me producen lo suficiente para vivir con mi familia desahogadamente." Logró tener un hatajo de diez mulas y al frente de ellas salía a los pueblos y ranchos a acarrear maíz. Por un tiempo acarreó cal y ladrillos para la construcción de la cercana hacienda de Chinameca. Además de esas labores de arriería tuvo éxito en la agricultura. "Uno de los días más felices de mi vida —confesó alguna vez— fue aquel en que la cosecha de sandía que obtuve con mi personal esfuerzo me produjo alrededor de quinientos o seiscientos pesos." En 1910 su capital, nada despreciable, era de 3 000 pesos. Zapata tuvo siempre orgullo de ganarse la vida de modo independiente.

Este ranchero independiente no era borracho —aunque le gustaba el coñac, parrandero —aunque le encantaba la feria de San Miguelito cada 29 de septiembre—, ni jugador —aunque no se separaba de su "atado" de naipes—, pero sí "muy enamorado". Muchos años después de muerto las ancianas de Morelos lo recordaban suspirando: "Era muy valientote y muy chulo." Su hermana recordaba también: "Miliano de por sí fue travieso y grato con las mujeres." Su orgullo eran sus inmensos bigotes: lo diferenciaban de "los afeminados, los toreros y los frailes". Por lo demás, "era delgado, sus ojos muy vivos, tenía un lunar en un ojo y muy abusado, de a caballo, ranchero".

Lo que más atraía en Zapata, no sólo a las mujeres sino a todo el que lo conocía, era su carácter de "charro entre charros". Miliano

51. Libro fundamental.
52. Personaje.
53. En tiempos más felices.
54. La misma pareja años después.

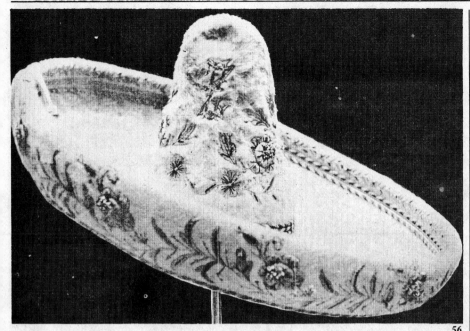

56

55-56. Reencarnación de un plateado.
57. Serafín Robles.

57

se presentaba en las plazas de toros montando los mejores caballos del rumbo, sobre las mejores sillas vaqueras. Los jaripeos, las corridas de animales en el campo, las carreras de caballos, el jineteo de toros, las peleas de gallos o el simple campear eran sus diversiones favoritas. Su impecable figura de charro no tenía afectaciones ni rebuscamientos, era clásica a su manera. Mucho en él recordaba a *los Plateados.* Así lo describe su fiel secretario Serafín Robles, *Robledo*, como el Jefe le decía:

> Los arreos de su caballo eran: silla vaquera, chaparreras bordadas, bozalillo, cabresto, gargantón y riendas de seda con muchas motas, cabezadas con chapetones de plata y cadenas del mismo metal, machete "de los llamados costeños", colgada al puño la cuarta, reata de lazar y un buen poncho en el anca del caballo. La indumentaria del General Zapata en el vestir, hasta su muerte, fue de charro: pantalón ajustado de casimir negro con botonadura de plata, sombrero charro, chaqueta o blusa de holanda, gasné al cuello, zapatos de una pieza, espuelas de las llamadas amozoqueñas y pistola al cinto.

El propio Robles afirmaba que en todo el Sur "no había otro charro" como don Emiliano Zapata: "desaparecía como un relámpago... volaba sobre su caballo... era montador de toros, lazador, amansador de caballos y travieso como el que más en charrerías, pues... picaba, ponía banderillas y toreaba a caballo y también a pie". Era la viva reencarnación de un *Plateado*... bueno.

Estas habilidades charras no sólo reportaron a Emiliano beneficios estéticos y amorosos sino económicos. Nada menos que don Ignacio de la Torre —el yerno de don Porfirio y *Nachito* para sus amigos— se fijaría en él para que le arrendara sus finísimos caballos.

58

Esa será de hecho la profesión que habrá de salvarlo cuando en 1897 huye del pueblo por una riña y se refugia con Frumencio Palacios, potrerero de la hacienda de Jaltepec.

Pero antes que charro independiente, insumiso, travieso y enamorado, Zapata era la memoria viviente de Anenecuilco. Entre 1902 y 1905 interviene silenciosamente en un conflicto de Yautepec con la hacienda de Atlihuayán, propiedad de los Escandón. En Yautepec vivían miembros de la familia Zapata y el pueblo tenía terrenos colindantes con Anenecuilco. El caudillo de Yautepec, Jovito Serrano, acude al patrocinio del abogado Serralde, que había defendido legalmente a casi toda la disidencia intelectual del porfiriato: Daniel Cabrera, Filomeno Mata, los hermanos Flores Magón, Juan Sarabia. Su impresión del conflicto es clara y premonitoria. Escribe a Porfirio Díaz: "Si la Suprema Corte no hace justicia a estos hombres, tenga Ud. la seguridad, Señor, que pronto habrá una revolución." El Presidente lo recibe. Zapata forma parte de la comitiva. Poco tiempo después se entera de que a Jovito Serrano lo han deportado a Quintana Roo, donde nadie vuelve a saber de él. Zapata observa y recuerda.

En 1906 ocurre en Anenecuilco un acontecimiento central en la educación intelectual de Zapata. Se avecinda en el pueblo el profesor

58. Hacienda de Atlihuayán.

Pablo Torres Burgos que sin impartir, en apariencia, clases formales, se dedica a vender legumbres y cigarros, y a comerciar con libros. Sus amigos —entre los que se encuentra Zapata— tienen acceso a su pequeña biblioteca, a donde llegaban puntualmente los mejores periódicos de oposición: *El Diario del Hogar* y *Regeneración*. Al poco tiempo, en Villa de Ayala ocurre un milagro intelectual semejante. Se avecinda el profesor Otilio Montaño que sí imparte clases formales y propaga con fervor una literatura aún más incendiaria: las obras del príncipe Kropotkin. Zapata lo aprecia al grado de hacerlo su compadre.

En 1908, Emiliano Zapata se ausenta por segunda vez de su pueblo. La razón es ahora de índole romántica. Rememorando quizá las hazañas de *los Plateados*, que traían su reata "pa'la mujer que les guste", Zapata rapta a una dama de Cuautla, Inés Alfaro, a quien le

59

59. Otilio Montaño.

60

pone casa y con la que procrea un niño —Nicolás— y dos mujerci-
tas. El padre de doña Inés —Remigio Alfaro— denuncia el hecho
ante las autoridades, que incorporan a Emiliano en el 7o. Batallón
del Ejército, donde no dura mucho tiempo, ya que un año después
participa activamente en la campaña leyvista. Es uno de los inte-
grantes del Club Melchor Ocampo —creado por Torres Burgos en
Villa de Ayala— y del más numeroso Club Democrático Liberal de
Morelos, con sede en Cuernavaca.

En septiembre de ese mismo año, los vecinos de Anenecuilco lo
nombran presidente del Comité de Defensa. Sotelo Inclán narra la
escena:

Terminada la junta, los viejos llamaron aparte a Emiliano y le en-
tregaron los papeles que guardaban, y que son los mismos que
han llegado hasta nosotros. Emiliano los recibió y, junto con el
secretario Franco, se puso a estudiarlos. Franco estuvo con Emiliano durante ocho días en el coro de la iglesia leyendo los papeles
y tratando de desentrañar los derechos en ellos establecidos. Durante estos días suspendieron todos sus trabajos y sólo bajaban
para comer y dormir. Fue así como el futuro caudillo bebió las
profundas aguas del dolor de su pueblo y se vinculó estrechamen-
te al destino de sus remotos abuelos indios. Teniendo a la vista el
mapa tradicional y queriendo saber lo que decían sus leyendas en
idioma azteca, Emiliano mandó a Franco al pueblo de Tetelcingo,

60-62. Descendencia de Zapata.

61

63

cercano a Cuautla, donde se conserva aún el idioma náhuatl, lo mismo que muchas costumbres indias. No fue fácil para Franco hallar quien supiera leer aquellas palabras nahoas. Ni siquiera el maestro del pueblo supo traducir su significado y Franco fue a ver al cura del lugar, que era un indio originario de Tepoztlán, tierra de grande nahuatlatos. El cura pudo descifrar los nombres indígenas y Franco regresó con el resultado al pueblo.

En enero de 1910 Zapata es encarcelado e incomunicado por tres días. Las autoridades afirmaron que se le había encontrado "vagando en estado de ebriedad", pero el amparo que interpone en favor suyo su hermana María de Jesús está, seguramente, más cerca de la verdad: se le había aprehendido para forzarlo a dar "su cuota de sangre y humillación al servicio de las armas". Aunque en febrero se le consigna en efecto al ejército, en marzo sale libre por intercesión de don *Nachito* de la Torre. Zapata retribuiría el favor arrendándole, como se ha dicho, sus caballos e interviniendo en una escena que, muchos años después, recordaría la nieta de Porfirio Díaz: "en la boda de *Nachito* con Amada Díaz, un caballo de la procesión perdió el paso y se desbocó. De pronto un charro decidido se abalanzó sobre él para amansarlo y evitar un desaguisado: era Emiliano Zapata".

A mediados de 1910 Zapata cumple el destino de su pueblo y toma por la fuerza las tierras de Anenecuilco. A fin de año siembra de nuevo sus sandías y en una de tantas novilladas sufre una cornada en un muslo. Enterrados en un lugar secreto del pueblo y dentro de una caja de hojalata, descansaban los títulos, los mapas, los pedimentos, las copias, la merced, cuadernos enteros de litigios y dictámenes. Con el tiempo, al lanzarse a la Revolución, Zapata los encomendó a su fiel *Robledo* con estas palabras: "Si los pierdes, compadre, te secas colgado de un cazahuate."

63. Mitin leyvista.

Revoluciones van, revoluciones vendrán

SIN EL VENDAVAL MADERISTA, aquella pequeña revolución de Anenecuilco hubiese pasado inadvertida incluso para la historia local. Pero el artículo del Plan de San Luis que prometía restituir a las comunidades las tierras que habían usurpado las haciendas era música celestial para Zapata, Torres Burgos y Montaño, sus amigos intelectuales. Tan pronto estalla la Revolución, los vecinos de aquellos pueblos deciden enviar como su representante en San Antonio a Pablo Torres Burgos. Mientras tanto, en Tlaquiltenango, un veterano de la guerra contra los franceses, Gabriel Tepepa, se levanta en armas. En Huitzuco, Guerrero, hace lo propio el cacique de la zona: Ambrosio Figueroa. En Yautepec, Otilio Montaño exclama en un discurso: "Abajo las haciendas, que vivan los pueblos." Es el momento en que montado en un caballo que le regala el cura de Axochiapan, Emiliano Zapata inicia *su* revolución. Allí lo vio, extasiado, Octavio Paz Solórzano, un abogado capitalino de los primeros en sumarse a "la bola":

El día que (la Revolución del Sur) abandonó (Jojutla), (Zapata) mandó reunir a su gente en el zócalo, para emprender la marcha. Él estaba montado en el caballo retinto regalado por el cura, en el centro, rodeado de algunos de sus jefes, cuando de repente se oyó una detonación. Al principio nadie se percató de lo que había pa-

64. En su revolución.
65. Ambrosio [+] y Rómulo [++] **Figueroa** y J. R. Berdejo.

sado, pues los soldados acostumbraban constantemente disparar sus armas, como una diversión, y se creyó que el tiro que se había escuchado era uno de tantos de los que disparaban los soldados al aire, pero Zapata había sentido que se le ladeaba el sombrero; se lo quitó y vio que estaba clareado. Los jefes que estaban cerca de él, al ver el agujero comprendieron que el balazo había sido dirigido en contra de Zapata: vieron que el que lo había disparado se encontraba en el edificio de la jefatura política y al digirir la vista hacia dicho (inmueble) miraron a un hombre que precipitadamente se retiraba de uno de los balcones. Esto pasó en menos de lo que se cuenta. Los que estaban más cerca de Zapata se precipitaron hacia

66. Foto mítica.

67

la Jefatura Política, pero Zapata gritó: Nadie se mueva; y sin vacilación ninguna movió rápidamente el magnífico caballo que montaba, hacia la puerta de la Jefatura, y dándole un fuerte impulso lo hizo subir por las escaleras del edificio, ante la mirada atónita de los que presenciaban esta escena, quienes desde abajo pronto lo vieron aparecer detrás de los balcones, recorriendo las piezas del Palacio Gubernamental, con la carabina en la mano. Una vez que hubo revisado todas las oficinas, sin encontrar a nadie, jaló la rienda al caballo, haciéndolo descender por las escaleras, y con toda tranquilidad apareció nuevamente en la plaza, ante la admiración de numeroso pueblo que lo contemplaba y de sus tropas, montando en el arrogante caballo retinto, regalo de Prisciliano Espíritu, el cura de Axochiapan y con el puro en la boca, que nunca abandonaba, aún en lo más recio de los combates.

A las pocas semanas Tepepa muere a traición a manos de Figueroa. A Torres Burgos lo sorprenden los federales en una siesta de la que nunca despertaría. Zapata es, de súbito, el jefe de la Revolución.

67. Benigno Zenteno y sus hombres.

Gral. Emiliano Zapata.

69

Hasta sus oídos llega una bravata del odiado administrador español —apellidado Carriles— de Chinameca: "que ya que usted es tan valiente y tan hombre, tiene para usted miles de balas y las suficientes carabinas para recibirlos como se merecen..." "Los ojos de Zapata —recuerda Paz— chispearon de cólera." Decidió atacar Chinameca —su primera acción militar— no por un plan preconcebido sino por pundonor. El resultado, para las víctimas, fue una "carnicería espantosa", y para los vivos un corrido:

70

Llegó el terrible Zapata
   con justicia y razón;
habló con imperio, "vengan con una hacha
   Y tiren este portón".

Tembló la tierra ese día,
   Zapata entró.

Los juntó toditos, y les dió las onze,
   Y hincados frente a una peña,
"besen esta cruz y toquen clarines de bronze,
   Y griten, ¡que muera España!"

Viva el general Zapata,
   viva su fe, y su opinión,
porque se ha propuesto morir por la patria,
   Como yo, por la nación.

De Chinameca, donde se hizo de buenos pertrechos, Zapata siguió a Jonacatepec. Poco a poco su ejército se ensancha. ¿Por qué lo siguen? Una de las razones, que se desprenden con claridad del corrido, es una especie de quiste histórico: el odio a los españoles. "En-

68. Hombre de fe.
69. Zapatistas.
70. ¿por qué lo siguen?

72

71-72. General Rafael Cal y Mayor.

71

tré por ese temor de los españoles —recordaba Constancio Quinte-
ro García, de Chinameca—; ya iban a jerrarnos como animales." Es-
piridión Rivera Morales, del mismo sitio, explicaba: "Sembrábamos
unos maicitos en los cerros, pues ya el español cabrón nos había
quitado todas las tierras." Otros se sumaban por un ansia sencilla
de libertad y justicia. "Teníamos más garantías en el monte a caballo, libres, que estando allí, porque estaban los rurales tras nosotros,
cobrándonos por vivir, cobrándonos por las gallinas, cobrándonos
por los marranos; esa injusticia nos hizo más, y Zapata darnos garantías... ¡Teníamos que haberlo seguido! Ésa es la causa. Ya no
aguantaba la injusticia". Otro más por simple y llana pobreza: "De
mi pueblo se fueron dieciocho conmigo, eran *tlacololeros*;* los obreros de la mina nunca se fueron; ésos fueron pendejos; no fueron
porque estaban bien con los... gringos porque les pagaban buen
sueldo." Muchos otros, además de los de la mina, no entraron:

* Que sólo sembraban en tlacolol.

Unos nunca se levantaron, por eso Felipe Neri, aquí en Cuahuixtla, había muchos que les mochó la oreja. Porque venía y decía: *"vénganse a la revolución, o dejen la hacienda"*, los agarraba por el campo, y le contestaban: "sí mi general", pero al poco tiempo que los soltaban se iban de nuevo a la hacienda a trabajar. Y pasaba felipe Neri de repente (porque era arrancado, aunque estuviera el gobierno aquí, ese pasaba por la orilla del pueblo con su gente, porque era de por sí valiente) y los volvía a agarrar, y decía: *"a ustedes ya los agarré el otro día, ¿verdad?"* y zas, les mochaba la oreja, un pedazo, "ándele, *para que los conozca y otro día que los vuelva a agarrar los fusilo"*.

73

Pues todos esos... los polqueros, así les decían en ese tiempo, trabajaban con yuntas de mula y los polcos. Por eso agarró Felipe Neri y les mochó la oreja. Pero ni así se fueron, ai' estaban y así estuvieron de esclavos hasta que se acabó la revolución.

Para el mes de mayo de 1911 ya sólo quedaban en todo el estado de Morelos dos baluartes federales: Cuautla y Cuernavaca. A la primera la resguardaba un regimiento de caballería famoso: el Quinto de Oro. Zapata busca tomar la plaza pacíficamente, pero el jefe político se niega a rendirla. En la toma intervienen muchos de los jefes que se volverán célebres: Emigdio Marmolejo, Francisco Mendoza, Amador Salazar, Eufemio Zapata —hermano del caudillo—, Lorenzo Vázquez. El cerco dura varios días:

Hubo ocasiones durante el curso de esta lucha desesperada, en que al derrumbarse un muro quedaran los combatientes de ambos lados frente a frente, y entonces podía verse, caso muy común, que se disputaban unos y otros, con todo empeño, con todo vigor, esos montones de tierra y ladrillo que debían servirles luego como defensas. En ocasiones no hacían uso de las armas, sino que se asestaban golpes con las culatas o cañones de los fusiles.

73. El sur en armas.
74. Cuautla.

Paso de la comitiva del Sr. Madero. Puente Porfirio Díaz. Cuernavaca - 6-12-11.

76

El 17 de mayo, Felipe Neri toma a viva fuerza el convento de San Diego, donde le ocurre la desgracia que explica, quizá, su vocación de "mochaorejas": "al arrojar una bomba sobre la pared de la Iglesia, retachó, vino a estallar cerca de él y lo hirió gravemente, dejándolo sordo para toda la vida". Por fin, el 19 de mayo cesa el fuego. Para entonces Marciano Silva, el viejo cantor del sur incorporado al ejército de Zapata, tenía listo su corrido:

> ¡pobres pelones del *Quinto de Oro,*
> a otros cuenten que por aquí
> no más tres piedras, porque la fama
> que hay en Zapata no tiene fin!
> Adiós *Quinto de Oro* afamado,
> mi pueblo llora tu proceder,
> en otras partes habrás triunfado;
> pero aquí en Cuautla, no sé por qué
> nos prometiste el ampararnos;
> pero corriste ¡qué hemos de hacer!
> ¡Los calzonudos te corretean
> porque Zapata tu padre es!...

En la ciudad de México, el viejo dictador escuchó las noticias con verdadera alarma. Sabía que "los chinacates del sur eran bravos". "Estuve tranquilo hasta que se levantó el Sur", comentaba en el exilio. Seis días después de la toma de Cuautla renunció.

El 7 de junio de 1911, Emiliano Zapata es de los primeros revolucionarios en entrevistarse con Madero. La comida a la que acude —llena de aduladores— le deja mal sabor de boca. Días más tarde, Madero visita Morelos y Guerrero, zona que había soslayado en sus

75. Paso de la comitiva de Madero por el puente Porfirio Díaz de Cuernavaca el 12 de junio de 1911.
76. Hotel Morelos de Cuautla al inicio de la guerra.

campañas presidenciales. Su conducta, generosa por igual con hacendados y revolucionarios, provoca en Zapata sentimientos de duda. No comprende por qué presta oídos a quienes critican la violencia zapatista en la toma de Cuautla. ¿Había sido o no una revolución? Muy pronto, los periódicos de la capital, azuzados, claro, por los hacendados, inician una campaña de desprestigio contra "el bandido" Zapata, de quien se espera, en cualquier momento, una sublevación. El periódico *Nueva Era* de Juan Sánchez Azcona lo defiende. Madero lo invita a México.

La entrevista entre ambos caudillos tiene lugar el 21 de junio en la casa de Madero, en la calle de Berlín. Gildardo Magaña recordaría la forma —a un tiempo parabólica, cortés y terminante— en que Zapata expuso las razones de *su* revolución. Había tensión en la atmósfera. Zapata la rompió acercándose a Madero. Señaló la cadena de oro que éste traía en su chaleco y le dijo:

Mire, señor Madero, si yo, aprovechándome de que estoy armado, le quito su reloj y me lo guardo, y andando el tiempo nos llegamos a encontrar, los dos armados con igual fuerza, ¿tendría derecho a exigirme su devolución?

77-79. Zapata y su comitiva en la ciudad de México en junio de 1911.

78

79

Sin duda —le dijo Madero—; incluso le pediría una indemnización.

Pues eso, justamente —terminó diciendo Zapata— es lo que nos ha pasado en el estado de Morelos, en donde unos cuantos hacendados se han apoderado por la fuerza de las tierras de los pueblos. Mis soldados (los campesinos armados y los pueblos todos) me exigen diga a usted, con todo respeto, que desean se proceda desde luego a la restitución de sus tierras.

Al día siguiente, Emiliano Zapata hizo unas declaraciones conciliatorias al diario católico *El País*, que no antipatizaba con su causa:

El Gral. Zapata (manifestó) que si él se afilió al partido revolucionario no fue guiado por la idea del lucro, sino por patriotismo... El odio demostrado hacia mí por los hacendados morelenses no me lo explico, como no sea porque arrebaté a la explotación que por parte de ellos eran víctimas los obreros que les enriquecían con el fruto de su sangre y de su sudor; comprenderán que de ser ciertas las acusaciones que se me dirigían no hubiera venido como lo he hecho a presentarme al Sr. Madero.
    Ahora voy a trabajar en el licenciamiento de los hombres que me ayudaron, para después retirarme a la vida privada y volver a dedicarme al cultivo de mis campos, pues lo único que anhelaba cuando me lancé a la Revolución era derrocar al régimen dictatorial y esto se ha conseguido.

Aparte del endoso explícito a Madero, lo que llama la atención de las declaraciones de Zapata es su insistencia en desmentir a los que dudaban de *su* desinterés. Es en ese momento cuando habla de sus "tierras de labor", de su "establo", de sus "largos años de honrado trabajo". Nada lo indignaba más que la palabra "bandido".

80. Otro hombre de fe.

80

Su deseo, en efecto, era retirarse a la vida privada y disfrutar de su inminente matrimonio con la que sería su única mujer legítima: Josefa Espejo. Pero antes había que licenciar a las tropas y dejar Morelos bajo el mando de Raúl Madero —o de cualquiera, menos de Ambrosio Figueroa, o de los federales Blanquet y Huerta. El gobierno interino presiona para el primer objetivo. Zapata cede, pero no por entero. A mediados de agosto solicita al presidente De la Barra el retiro de las fuerzas federales a cambio de la paz "en veinticuatro horas". Ese mismo día escribe —con ayuda de Montaño— a Madero:

Si la Revolución no hubiera sido a medias y hubiera seguido su corriente, hasta realizar el establecimiento de sus principios, no nos veríamos envueltos en este conflicto; ¿por qué, pues, por una petición justa mía, del pueblo y del ejército, se nos trata de reos de grave delito, cuando no hemos tenido otro que el de haber sido defensores de nuestras libertades? Yo, ni por un momento he dudado de que usted sostendrá los principios por los cuales el pueblo mexicano derramó su sangre y en la cuestión a que en este momento me refiero tengo fe y la he tenido siempre, en que usted evitará el derramamiento de sangre que se prepara contra nosotros. Me reitero su fiel subordinado.

Estaban dados ya todos los elementos de la discordia. Una y otra vez Zapata repetía las palabras "fe" y "fidelidad" implicando ya, con

Archivo Fotográfico

81

81. Licenciamiento zapatista.
82. Josefa Espejo, su única viuda legítima.

ellas, su contraria: traición. Madero lo comprende y escribe midiendo cada palabra:

Comprendo muy bien los sentimientos que inspiran a ustedes y por eso vine a México a exponer al Supremo Gobierno la situación, en vista de lo cual se ha acordado solucionar el conflicto en ésa, en forma que estoy seguro será aceptada por ustedes y que les haré saber a mi llegada a ésa. *Para lograr mis vehementes deseos, la condición esencial es, que ustedes sigan teniendo fe en mí como yo la tengo en ustedes.* En prueba de lo cual voy a ésa, a pesar de que han venido noticias de que mi vida peligrará yendo allá. Pero no creo nada de ello, porque tengo confianza en ustedes.

Al llegar a Morelos el 18 de agosto, en un discurso Madero llama a Zapata "integérrimo General". Todavía creen uno en el otro, pero actúan en un marco desfavorable creado por los hacendados, la histeria de la prensa capitalina, las opiniones racistas de De la Barra y el celo del general Victoriano Huerta —indio experto en combatir indios, veterano de las guerras contra yaquis y mayas— que avanza sobre Yautepec para "reducir a Zapata hasta ahorcarlo". A los cuatro días de su estancia, Madero comprende que las autoridades centrales no le hacen el menor caso y se retira. Teme, con razón, que Zapata se llame a engaño, pero lo único que puede ofrecerle es una promesa: "Aprecio debidamente los servicios que usted prestó a la Revolución... Cuando llegue al poder le aseguro que le recompensaré sus servicios."

Durante todo el interinato Zapata sufrió el embate de los fusiles y las palabras. Éstas lo indignaban más que aquéllos. Le revolvía las entrañas oír que los pelones" federales gritaran a sus hombres "bandidos comevacas". ¿Conoció las alarmas del diputado José Ma-

83. Madero llama a Zapata "integérrimo general".

84

ría Lozano en la Cámara de Diputados? Era el nuevo Atila, la "reaparición atávica de Manuel Lozada, un Espartaco, el libertador del
esclavo, el prometedor de riquezas para todos. Es todo un peligro social, es sencillamente la aparición del subsuelo que quiere borrar la
superficie... Ya Zapata no es un hombre, es un símbolo".

Era natural que al llegar Madero a la presidencia las relaciones
con Zapata estuviesen irremediablemente deterioradas. Existió sin
embargo un último intento de avenencia por mediación del ingeniero Alfredo Robles Domínguez. Las condiciones de Zapata no podían
ser más razonables: retiro de Figueroa, nombramiento de Raúl Madero y una pálida mención al problema de la tierra: "se dará una ley
agraria procurando mejorar la condición del trabajador del campo".
En una decisión que a la postre lamentaría, Madero lo conmina a
"rendirse a discreción y salir del país... su actitud de rebeldía está
perjudicando mucho a mi gobierno". Es el momento del rompimiento. Días más tarde, Zapata describe a Gildardo Magaña la esencia de su discordia:

85

Yo, como no soy político, no entiendo de esos triunfos a medias;
de esos triunfos en que los derrotados son los que ganan; de esos

84. Madero y León De la Barra.
85. No es un hombre, es un símbolo.

86

86. A la derecha del chacal Huerta, Juan An-
drew Almazán.

triunfos en que, como en mi caso, se me ofrece, se me exige, dizque después de triunfante la revolución salga no sólo de mi Estado, sino también de mi Patria...

Yo estoy resuelto a luchar contra todo y contra todos sin más
baluarte que la confianza, el cariño y el apoyo de mi pueblo.

Los "triunfos en que los derrotados son los que ganan" tenían
para Zapata un nombre: traición. Zapata era un hombre de convic-
ciones absolutas. Por eso no pudo interpretar las reticencias de
Madero para repartir la tierra y su debilidad para imponerse a De la
Barra y Huerta, más que como una *traición* en el sentido bíblico del
término, como el pecado que incluye todos los pecados, como la falta de Iscariote que provocó la muerte del Redentor. A aquel último
intento conciliador de Madero, Zapata respondió: "Ya puede ir con-
tando los días que corren pues dentro de un mes estaré en México
con 20 000 hombres y he de tener el gusto de llegar a Chapultepec
y... colgarlo de uno de los sabinos más altos del bosque." Aquel de-
sencuentro entre dos hombres de fe sería uno de los momentos trá-
gicos de la Revolución. El propio Madero lo reconoció en sus últi-
mas horas ante Felipe Ángeles. Quizá entonces la actitud de Zapata
le pareció comprensible: tenía siglos de esperar.

"Perdono al que mata o al que roba —solía repetir Zapata— porque quizá lo hacen por necesidad. Pero al traidor no lo perdono." Vivía obsesionado por la traición. Uno de sus cuentos favoritos tenía la traición como tema:

Un trabajador de las cercanías de Anenecuilco tenía en su rancho un perro, que cuidaba de la casa. Era un perrazo amarillo, de orejas pachonas y largas. En cuanto el animal oía que chillaban los coyotes salía a todo correr a perseguirlos. Y el buen hombre, cuando el perro regresaba, decía a la cocinera que le echara unas tortillas, pues que bien se las ganaba cuidando las gallinas. Una vez los coyotes se acercaron tanto que, cuando el perro amarillo salió a perseguirlos, corrió el hombre tras él para ver si había cogido siquiera uno. Y fue a encontrar que, bajo un huizache, el perro y los coyotes se comían amigablemente una gallina. Aquéllos huyeron, mientras el guardián siguió comiendo. El ranchero, convencido de que su perro era un traidor, fue sacando poco a poco el machete y le abrió la cabeza de un solo golpe...

En el Plan de Ayala, redactado por Zapata junto con Otilio Mon-

87. Zapata y Madero en Cuautla.

88 89

taño y firmado el 25 de noviembre de 1911 en la pequeña población montañosa de Ayoxustla, la palabra "traición" referida a Madero se emplea cinco veces de modo explícito y varias otras implícitamente con enorme dureza. Pero la traición no era su único motivo. Su fiel *Robledo* recordó mucho tiempo después una conversación en que Zapata le confió las razones morales e históricas que lo habían hecho concebir el Plan de Ayala:

Como tú sabes, en nuestro Estado, existieron aquellos mentados "Plateados", quienes no estuvieron conformes con el gobierno que se estableció en aquel entonces y se rebelaron también, pero como no tuvieron bandera donde expusieran los motivos o ideas por las cuales empuñaban de nuevo las armas, no tuvieron muchos adeptos ni apoyo de los vecinos de los pueblos, y se les combatió y persiguió hasta lograr su muerte y dispersión, dándoles el despectivo título de "bandidos", el mismo que ya se me daba en compañía de mis soldados que peleaban al grito de ¡VIVA ZAPATA!

Presentía que de seguir en esa actitud, se nos tomaría en lo sucesivo como tales bandidos, puesto que la prensa lo publicaba y propalaba, bajo cuya denominación ya el gobierno nos combatía. (...)

Mis antepasados y yo, dentro de la Ley, y en forma pacífica, pedimos a los gobiernos anteriores la devolución de nuestras tierras, pero nunca se nos hizo caso ni justicia; a unos se les fusiló con cualquier pretexto, como la ley fuga; a otros se les mandó desterrados al Estado de Yucatán o al Territorio de Quintana Roo, de donde nunca regresaron, y a otros se les consignó al servicio de las armas por el odioso sistema de la "leva", como lo hicieron conmigo, por eso ahora las reclamamos por medio de las armas, ya que de otra manera no las obtendremos, pues a los go-

88-89. Firma el Plan de Ayala.

biernos tiranos nunca debe pedírseles justicia con el sombrero en la mano, sino con el arma empuñada.

Durante tres días, concreté mis ideas, que transmití a mi compadre Montaño para que les diera forma, resultando al cabo de ese tiempo el deseado Plan.

En varios sentidos el Plan de Ayala es original, pero su propósito es —textualmente— "comenzar por continuar" la Revolución que Madero "gloriosamente inició con el apoyo de Dios y del pueblo" y "no llevó a feliz término". Tres son sus artículos centrales; ninguno de ellos incurre en un radicalismo extremo:

6o. Como parte adicional del Plan que invocamos hacemos constar, que los terrenos, montes y aguas que hayan usurpado los hacendados científicos o caciques a la sombra de la tiranía y de la justicia penal entrarán en posesión de estos bienes inmuebles desde luego los pueblos o ciudadanos que tengan sus títulos correspondientes a esas propiedades, de las cuales han sido despojados, por la mala fe de nuestros opresores, manteniendo a todo trance

90. Todos siguen al general.

91

92

93

con las armas en la mano la mencionada posesión, y los usurpadores que se consideren con derecho a ellos, lo deducirán ante tribunales especiales que se establezcan al triunfo de la Revolución.

7o. En virtud de que la inmensa mayoría de los pueblos y ciudadanos mexicanos no son dueños del terreno que pisan, sufriendo los horrores de la miseria sin poder mejorar su condición social ni poder dedicarse a la industria o a la agricultura por estar monopolizados en unas **cuantas** manos las tierras, montes y aguas por esta causa se expropiarán previa indemnización de la tercera parte de esos monopolios a los poderosos propietarios de ellos, a fin de que los pueblos y ciudadanos de México obtengan ejidos, colonias, fundos legales para pueblos o campos de sembradura o de labor, y se mejore en todo y para todo la falta de prosperidad y bienestar de los mexicanos.

8o. Los hacendados, científicos o caciques que se opongan directa o indirectamente al presente Plan, se nacionalizarán sus bienes y las dos terceras partes que a ellos les correspondan, se destinarán para indemnizaciones de guerra, pensiones de viudas y huérfanos de las víctimas que sucumban en la lucha del presente Plan.

Para los zapatistas —señala John Womack, el clásico historiador del zapatismo— aquel documento tuvo siempre un carácter de Sagrada Escritura, una impregnación mesiánica.

A partir de ese instante la revolución zapatista es la historia de una guerra sin cuartel "contra todo y contra todos", como decía su caudillo: "Revoluciones van, revoluciones vendrán —solía comentar el mero Jefe—; yo seguiré haciendo la mía." La rebelión, amorfa y dispersa en un principio, se delinea y fortalece con el acoso de los federales. Cada bando tiene su ala radical: el gobierno, en el general Juvencio Robles, que pone en práctica estrategias de la guerra de los boers: el incendio de pueblos y la "recolonización" (exilio masivo y forzado); el movimiento zapatista, en el jefe sureño Genovevo de la O, que discurre la macabra voladura de trenes. En cierto momento, el régimen maderista decide cambiar de táctica. El nuevo jefe de operaciones, Felipe Ángeles, corta de tajo con las prácticas salvajes y se niega a ampliar la guerra a pesar de las voladuras. Piensa que "es justificada la actitud de los zapatistas: desean que el vergel de Morelos no sea para ellos un infierno…" En las ciudades principales hay elecciones y una clara voluntad de legalidad y reforma. Lentamente se abren paso por la vía civil las ideas agrarias. Sin armas ni recursos, el zapatismo languidece un poco, abandona temporalmente el estado de Morelos y se refugia en el distrito de Acatlán, Puebla.

De aquel repliegue lo saca nuevamente la caída de Madero. Por momentos parece que Zapata considera la posibilidad de pactar con Huerta a cambio de una aceptación oficial del Plan de Ayala, pero lo cierto es que el acuerdo entre ambos es imposible. Desde el 28 de febrero ha escrito a Genovevo de la O:

(…) la Revolución del Sur, Centro y Norte no está de conformidad con los traidores que se apoderaron del Gobierno y los revolucionarios no nos debemos de creer en nada de ellos, porque nos expondríamos á un fracaso y ni se les debe tener ninguna confian-

91. Yautepec, Mor.
92. Contreras, D. F.
93. Película contra los zapatistas.
94. Reparación.

95

96

za; pues ¿qué esperaríamos de éstos infames para nosotros que traicionaron y asesinaron á sus amos, á quienes le deben todo lo que tienen de riquezas y el lugar que ahora ocupan? No, de ninguna manera hay que creerse de estos malvados y en todo caso procure usted batirlos hasta exterminarlos.

Al poco tiempo Zapata recibe al padre de Pascual Orozco, que trata de persuadirlo de un arreglo (el Plan de Ayala, hay que recordar, nombraba jefe de la Revolución a Pascual Orozco). Sin embargo, Zapata ya no cree en Orozco ni en el "espectáculo lúgubre" del gobierno que representa. Él no ha hecho su revolución para "asaltar puestos públicos", mucho menos para nombrar gobernador, como le sugería el padre de Orozco. Por considerarlo traidor, se da el gusto de "quebrarlo".

La guerra se recrudece con violencia sin precedente. Los generales Cartón y Robles cuelgan zapatistas, recurren a la leva, la recolonización, la toma de rehenes, la depredación, saqueo y quema de pueblos. Naturalmente, el salvajismo de la campaña favorece a Emiliano Zapata:

Y luego Huerta empezó a echar las "levas", puso la suspensión de garantías, ¡pos con más razón la gente se sublevó al cerro! Empezó a quemar Cartón las casas, los pueblos, los ranchos, diablura y media, la gente pues, ¿qué?, ¡pues siguió a Zapata porque Zapata los defendía!, tenía sus campamentos en los cerros, y a'i estaba la gente con él, y otros no, eran pacíficos, pero de todas maneras eran zapatistas porque seguían a Zapata.

En 1914, la balanza se revierte. En marzo, Zapata toma Chilpancingo y fusila al general Cartón. Al poco tiempo ocupa Jojutla, Jonacatepec, Cuautla. Los federales —azorados además por sus derrotas en el Norte ante Villa y Obregón— abandonan el estado. Lo mismo hacen, esta vez definitivamente, los orgullosos y modernos hacendados de Morelos. En junio de 1914, previendo el fin del gobierno huertista y el triunfo inminente de la Revolución, el zapatismo da a la luz la ratificación del Plan de Ayala con el objetivo principal de elevar "la parte relativa a la cuestión agraria... al rango de precepto constitucional". La Revolución —rezaba uno de sus considerandos— busca "el mejoramiento económico de la gran mayoría de los mexicanos y está muy lejos de combatir con el objeto de saciar vulgares ambiciones políticas..."

Aun los intelectuales más conspicuos del zapatismo como el anarquista cristiano Antonio Díaz Soto y Gama (incorporado al movimiento en abril de 1914) parecían no darse cuenta de que esa postura escondía una derrota en la victoria más dramática que la de Francisco I. Madero. Paradoja anarquista: si la revolución zapatista soslayaba o desdeñaba la "conquista de ilusorios derechos políticos" ¿En manos de quién quedaría "el mejoramiento económico de la gran mayoría de los mexicanos"?

95-96. Genovevo de la O antes y después.
97. Escena cotidiana.
98. Juvencio Robles dirige el combate.
99. Zapata en Chilpancingo. ▶

98

97

Quemar la Silla

EN EL FONDO, el zapatismo nunca renunció a su condición de isla. En ella residía su fuerza y su debilidad. Si había sido traicionado por Madero y había doblegado la embestida sanguinaria de Huerta, no existía razón para confiar en nadie ni para abandonar la resistencia. Así se explica el fracaso de todos los emisarios de Carranza. Al Doctor Atl, Zapata le confiesa: "Veo en Carranza aspiraciones peligrosas". En otra ocasión deja pasar la oportunidad de acercarse a un aliado noble y natural: Lucio Blanco. A Juan Sarabia, Luis Cabrera y Antonio Villarreal —tres revolucionarios intachables y partidarios decididos de la Reforma Agraria—, Zapata de plano los ningunea, y Palafox —su nuevo intelectual orgánico, hombre hábil, pragmático y gran administrador— les advierte que la única opción de Carranza está en renunciar al Poder Ejecutivo, admitir un representante zapatista en la designación de los nuevos poderes y "someterse" —literalmente— al Plan de Ayala "sin cambiarle ni una coma". Carranza, por supuesto, no acepta las condiciones y en septiembre de 1914 rompe con Zapata. Éste, por su parte, responde con un decreto agrario aún más radical que el Plan de Ayala: la nacionalización de los bienes del enemigo abarca por primera vez las propiedades urbanas y por primera vez también se establecen formas de propiedad que recuerdan al *calpulli*. Según explica en un célebre ensayo François Chevalier, aquel decreto "anuncia el futuro ejido, producto de la Revolución mexicana, que no es el simple pastizal común español que lleva el mismo nombre, sino que comprende esencialmente tierras de cultivo".

103

104

101

102

100. "Deberíamos quemarla".
101. De catrín.
102. Curioso letrero: *Pax*
103. Doctor Atl.
104. Manuel Palafox.

Mucho más enigmática y significativa que la efímera relación de Zapata con Carranza es la que el jefe suriano establece con la Convención de Aguascalientes y, en particular, con Francisco Villa. La lógica de ahora y la de entonces —dada la raigambre popular de la Convención— hacía suponer que Zapata se abriría por fin a un pacto nacional. Pero esto sucede sólo a medias.

Por principio de cuentas, Zapata no va a Aguascalientes. Tampoco acuden los principales jefes de la Revolución del Sur: acuden los intelectuales. Es el momento cumbre de Soto y Gama, uno de tantos intelectuales anarquistas que se unieron a Zapata por una auténtica vocación popular, no por curiosidad u oportunismo. Frente a la

105

105-106. Los anarquistas cristianos de Zapata.

galería alebrestada que milagrosamente no lo balacea, Soto y Gama rompe "el trapo" de la bandera nacional, como había que romper —de acuerdo con el evangelio anarquista de Tolstoi o Kropotkin— todas las abstracciones que oprimían al pueblo. Entre el zapatismo y el anarquismo no hay un vínculo casual sino profundo. "Los campesinos rebeldes —dice el antropólogo Eric Wolf— son anarquistas naturales (...) La utopía de los campesinos es la aldea libre: (...) para el campesino el Estado es algo negativo, un mal que debe reemplazarse lo más pronto posible por su propio orden social de 'carácter doméstico'." El lenguaje anarcosindicalista enalzó, además, a campesinos e intelectuales: de Ricardo Flores Magón provino el lema "Tierra y Libertad" (tomado a su vez de **Alejandro Herzen)** y pronunciado por primera ocasión en *Regeneración* el 19 de noviembre de 1910. En alguna oportunidad el propio Zapata leyó —por consejo de Andrés Molina Enríquez— obras de Kropotkin.

Aunque la Convención rompió con Carranza y aceptó, en principio, el Plan de Ayala, su alianza con el zapatismo fue breve. Y es entonces, en el momento en que Zapata se encuentra en la cúspide de su poder, cuando aquel "anarquismo natural" revela su carácter generoso y trágico. La ciudad de México tiembla como doncella inerme ante el asalto inminente de las "hordas". Cuando por fin llegan,

107. Fierro con la delegación zapatista en Guadalupe de Zacatecas.

109

108. Otro catrín.
109. Eufemio Zapata al entrar al Zócalo.
110. Zapata en San Lázaro.

108

El Sr. del Jilguero,—en el extremo izquierdo de la foto,— en uno de los pueblecitos de la tierra caliente, con

110

las hordas no son hordas, son rebaños pacíficos de campesinos azorados que portan —como símbolo de su lucha por lo permanente y tradicional— el mismo estandarte mexicano de los ejércitos del cura Hidalgo: la Virgen de Guadalupe. Un aterrado catrín recordaba, años después, cómo lo abordaron los zapatistas, no para sacarle el corazón —como temía— sino con este ruego: "Jefecito, dénos unos cartoncitos." Así ocurrió: "Como niños perdidos —escribe Womack— vagaron por las calles", tocando puertas para pedir comida. Vestidos de manta blanca, con sus sandalias franciscanas, sus enormes sombreros de petate, sus cananas y machetes, no parecían militares ni querían parecerlo. Eran campesinos extraviados. No es casual que la canción favorita en los cuarteles zapatistas fuera *El abandonado*.

Al azoro de los zapatistas al ocupar una ciudad y ejercer un poder que no querían ni comprendían, se sumó el del propio Zapata. Apenas recorre la ciudad. Se hospeda en un lóbrego hotelito a una cuadra de la estación a Cuautla. El 4 de diciembre de 1914 sostiene en Xochimilco una entrevista con Francisco Villa de la que muchos esperaban un nuevo —y trascendente— abrazo de Acatempan. Villa —recordaba un observador— "era alto y robusto, pesaba cerca de 90 kilos, tenía una tez enrojecida como la de un alemán, se cubría con un sarakof, llevaba un grueso *sweater* marrón, pantalones de montar color caqui y botas pesadas de jinete". Era lo que parecía: un militar, el caudillo de la División del Norte. En contraste, Zapata "parecía natural de otro país": su rostro delgado, su piel oscura, su vestido charro con aquel inmenso sombrero, útil para cubrirse del sol y ocultar las miradas, absurdo como indumentaria militar. Era lo que parecía: un campesino en armas.

Del diálogo que sostuvieron quedó, para la historia, una copia taquigráfica. Es quizá el único momento en que con certeza podemos *oír* a Zapata. Dos partes son significativas. En la primera se revela el carácter autárquico, local, campesino del zapatismo, incluso por las metáforas campiranas que utiliza. También es claro el "anarquismo natural" de Zapata, su repudio de los "ambiciosos" y "sinvergüenzas" que sólo buscan ejercer el poder. Lo más notable es su equiparación del poder con la ciudad y su árido paisaje de banquetas:

F. V.: Yo no necesito puestos públicos porque no los sé "lidiar".

E. Z.: Por eso yo se los advierto a todos los amigos que mucho cuidado, si no, les cae el machete. (Risas) (...) Pues yo creo que no seremos engañados. Nosotros nos hemos limitado a estarlos arriando, cuidando, cuidando, por un lado, y por otro, a seguirlos pastoreando (...) Los hombres que han trabajado más son los menos que tienen que disfrutar de aquellas banquetas. Nomás puras banquetas. Y yo lo digo por mí: de que ando en una banqueta hasta me quiero caer.

En el segundo momento significativo —en el que interviene una tercera voz, el general Serratos—, Zapata explica a Villa la importancia del reparto de tierras:

F. V.: Pues para ese pueblo queremos las tierritas. Ya despúes que se las repartan, comenzará el partido que se las quite.

E. Z.: *Le tienen mucho amor a la tierra.* Todavía no lo creen cuando se les dice: "Esta tierra es tuya." Creen que es un sueño. Pero luego que hayan visto que otros están sacando productos de estas tierras dirán ellos también: "Voy a pedir mi tierra y voy a sembrar." Sobre todo ése es el amor que le tiene el pueblo a la tierra. Por lo regular toda la gente de eso se mantiene.

111. "El Atila del Sur".

112

Serratos: Les parecía imposible ver realizado eso. No lo creen; dicen: "Tal vez mañana nos las quiten."

F. V.: Ya verán cómo el pueblo es el que manda, y que él va a ver quiénes son sus amigos.

E. Z.: Él sabe si quieren que se las quiten las tierras. Él sabe por sí solo que tiene que defenderse. Pero primero lo matan que dejar la tierra.

Para Villa son "tierritas", para Zapata es "*la* tierra". Villa es abstemio y por poco se ahoga cuando Zapata casi lo fuerza a sellar el pacto de colaboración con un coñac. Como rezaba inconscientemente un corrido de la época, ambos renunciaban de antemano al poder en el momento mismo del triunfo:

Zapata le dijo a Villa:
—ya perdimos el albur,
tu atacarás por el Norte,
yo atacaré por el Sur.

La diferencia mayor de actitud entre el guerrero y el guerrillero se plasmó para la historia en la famosa foto de Villa sentado eufórico en la silla presidencial junto a un Zapata hosco y receloso, esperando siempre que de la cámara saliese no un *flash* sino una bala. Un testigo zapatista de la escena la recuerda: "Villa se sentó en la silla como mofa, y Emiliano a un lado, y le dice a Emiliano a ti te toca,

112. Niños perdidos.

Emiliano le dice no peleé por eso, peleé las tierras que se las devuelvan, a mí no me importa la política." Eran hombres del pueblo, pero hombres muy distintos. Y sus proyectos también lo eran. Uno es salvaje y festivo, el otro místico y taciturno. Uno pelea por echar bala, el otro por el Plan de Ayala.

El centro, la ciudad, el Palacio, la Silla, las autoridades eran, para Zapata, el símbolo del engaño centenario contra Anenecuilco. De allí su aversión física a la política. De allí también que repitiera constantemente: "al que venga a querer tentarme con la Presidencia de la República, que ya hay algunos que medio me la ofertan, lo voy a *quebrar*".

Octavio Paz ha visto con claridad el destino histórico de este roce entre el zapatismo (que marcó la vida y muerte de su padre) y dos entidades que le son ajenas y aun contrarias: la ciudad y el Estado. Se trata de una repugnancia ante el poder o de una incapacidad para conquistarlo similar a la de Hidalgo y su ejército campesino frente a la ciudad: "la saben inerme... pero no se atreven a tomarla". Un siglo después ocurre la visita de Villa y Zapata al Palacio Nacional:

(...) todo el mundo sabe que Zapata vio con horror la silla presidencial y que, a diferencia de Villa, se negó a sentarse en ella. Más tarde dijo: "deberíamos quemarla para acabar con las ambiciones".

(...) en el contexto inhumano de la historia, particularmente en una etapa revolucionaria, la actitud de Zapata tenía el mismo sentido que el gesto de Hidalgo ante la ciudad de México: a aquel que rehusa el poder, por un proceso fatal de reversión, el poder lo destruye. El episodio de la visita de Zapata al Palacio Nacional ilustra el carácter del movimiento campesino y su suerte posterior: su aislamiento en las montañas del sur, su cerco y su final liquidación por obra de la facción de Carranza.

113

113. Esperando el flashazo, el balazo.

Paraíso recobrado

VILLA Y ZAPATA no traicionaron su pacto, pero tampoco lo cumplieron. El guerrero no proveyó los pertrechos prometidos; el guerrillero se "reconcentró" —según sus propias palabras— "en sus comederos viejos". En las sesiones de la Convención en Cuernavaca la nota dominante es el conflicto entre el Norte y el Sur. El pragmático Cervantes, hombre de confianza de Felipe Ángeles, reprende a los zapatistas por la derrota de Puebla. "Es una vergüenza —asegura— que 3 000 carrancistas hayan hecho huir a 10 000 zapatistas..." A los del Sur les "hacen falta hombres que los guíen". El mesiánico Otilio Montaño le responde transido de indignación: "Me pesa sobremanera venir a oír tales disparates, que vengan a lanzarse anatemas contra el Ejército Revolucionario del Sur y contra su bandera sagrada... Emiliano Zapata

114. El abandonado.
115. Zapata en Puebla.

117

116

(es) socialista y redentor del Pueblo de Morelos." A los pocos meses, con las estrepitosas derrotas de Villa en el Bajío, la disputa entre las dos vertientes del pueblo se volvería —en términos políticos— casi académica. Pero mientras en varias partes del territorio nacional el carrancismo se ocupaba de reducir al villismo, en la patria morelense Zapata goza, por fin, de un respiro de paz. Lo aprovecha para llevar a cabo la generosa utopía de *su* revolución. El milagroso paréntesis se había iniciado ya, de hecho, a mediados de 1914, con la derrota del huertismo. Duraría hasta fines del año siguiente.

El tránsito de la vida campesina a la guerrilla y de ésta a la utopía fue natural. Durante la campaña contra los federales maderistas y, sobre todo, contra los "pelones" huertistas, se había delineado el perfil de una sociedad campesina que aun en la guerra seguía siendo fiel a sí misma: dispersa en pequeñas unidades, descentralizada, respetuosa de sus relaciones con los pueblos, atenta a sus raíces indígenas, devota de la religión. Una sociedad cuyo afán profundo seguía siendo, como ha escrito Womack, *permanecer.*

"Unos iban con el jefe, unos con otro, pues... resultaron varios jefes", recordaba un veterano zapatista: "La guerrilla zapatista es típica —explica François Chevalier—; los rebeldes, que eran peones de las haciendas o habitantes de los pueblos, formaban por lo general partidas que iban desde treinta hasta doscientos o trescientos hombres al mando del guerrillero más enérgico, a veces incluso una mujer que tenía el título de 'coronela' o 'capitana'. Unos marchaban a pie, otros montaban caballos de poca alzada de la región o mulas tomadas de los ingenios. Apenas disponían de armas de fuego o municiones, que habían podido quitar a las tropas regulares en audaces golpes por sorpresa. Tenían hasta algunos cañones obtenidos del mismo modo".

Esta condición dispersa era una proyección natural de la vida pre-revolucionaria en Morelos, donde la célula política real no era la nación, el estado o el municipio sino el pueblo. **La profusión de jefes y unidades independientes tenía**, desde luego, enormes desventajas guerreras pero no guerrilleras:

Ese gobierno de línea se nos metía como borregos y cuando se nos metía a las montañas, a los cerros, les poníamos unas emboscadas en las barrancas que quedaban hasta encimados y ahí agarrábamos todo el armamento y parque, fue cuando se empezó a hacer la gente de armamento bueno, maúseres y treintas y de infantería puras carabinas maúseres de este pelo, grandotas, de bolita, buenas. Entonces nos empezamos a hacer de armas, pero a pura lucha, porque Zapata no pedía a ninguna nación, a ninguno le pidió ayuda, nos hicimos a pura canilla de armamento, a pura canilla.

La dispersión facilitaba el movimiento, la sorpresa, el disimulo, la disolución en el paisaje y el abastecimiento a las guerrillas por parte de los pueblos:

Cuando teníamos tiroteo y había oportunidad, los pobres compañeros pacíficos iban, y el gobierno tiraba harto parque y lo juntaban y nos lo daban y nos volvíamos a reponer... nos quería la gente en esa época, nos protegían con tortillas, era cuando comíamos tortillas.

Pero no sólo pan y parque proveían los pueblos: también información:

119

120

118

116. Zapatistas.
117-119. Coronelas Carmen y Amelia Robles.
120. El abasto de armamento siempre fue un problema.

El espionaje en el zapatismo era enteramente oficioso: cuantos vendían pollos, huevo, carbón, los arrieros y en fin, cuanta gente humilde recorría los caminos y entraba en las ciudades, daba cuenta a Zapata y a sus (...) correligionarios, de la situación del enemigo y de los efectivos con que contaba: espontáneamente, con toda buena voluntad. El espionaje en esta forma duró los nueve años de lucha, porque Zapata llegó a ser el ídolo de los pueblos del sur por su bondad hacia los humildes y la defensa que constantemente hacía de los pueblos. Giraba circulares a los presidentes municipales diciéndoles que si algún jefe cometía depredaciones, lo desarmaran a él y a su gente y lo remitieran al Cuartel General. Decía constantemente: si se cometen atropellos con los pueblos, ¿de qué vamos a vivir?

121

122. Abraham Martínez, secretario particular de Zapata, preso por los huertistas.
122. General Adrián Castrejón con su estado mayor.

122

123

La descentralización era patente, por ejemplo, en la economía. "No existía ningún servicio regular de intendencia ni de finanzas organizadas." Cuando Octavio Paz Solórzano preparaba su viaje de representación zapatista a los Estados Unidos, Zapata le dio cartas de recomendación para varios jefes, comentando, en cada caso, lo generoso o avaro que cada uno podía ser. Esta prevención frente al dinero tenía también un origen moral. Se dio el caso, durante la estancia de los zapatistas en la capital, que el "mero Jefe" decidiera recurrir a un préstamo del Banco Nacional de México. El viejo banquero Carlos Sánchez Navarro recordaba la puntualidad religiosa con que Zapata reintegró capital e intereses. Más aún: "Con el transcurso del tiempo y la prolongación de la guerra, casi desaparecieron el oro y la plata, aunque Zapata fabricó dinero en las minas de Campo Morado (Gro.). Apenas se utilizó algo más que cartones impresos por previsión del gobernador zapatista del Estado, Lorenzo Vázquez. Los jefes del movimiento se vieron obligados a pedir telas, papel, jabón, etcétera, a algunas fábricas o talleres situados en su mayoría en los alrededores de Puebla."

Otro rasgo notable de aquella guerra de los pueblos ambulantes fue su gravitación indígena y su consecuente respeto a los indios. En la crónica indígena de Milpa Alta, recopilada por Fernando Horcasitas, se lee el testimonio de doña Luz Jiménez:

Lo primero que supimos de la revolución fue que un día llegó (un gran señor Zapata de Morelos. Y se distinguía por su buen traje. Traía sombrero ancho, polainas y fue el primer gran hombre que nos habló en mexicano). Cuando entró toda su gente traía ropa

124

123. *El Orejón* con su estado mayor.
124. El gran señor.

CASASOLA-FOT.   GRL. SAPPTA.
N.° 3.

blanca: camisa blanca, calzón blanco y huaraches. Todos estos hombres hablaban el mexicano (casi igual que nosotros). También el señor Zapata hablaba el mexicano. Cuando todos estos hombres entraron a Milpa Alta se entendía lo que decían...

El señor Zapata se puso al frente de sus hombres y así le habló a toda la gente de Milpa Alta: "¡Júntense conmigo! Yo me levanté; me levanté en armas y traigo a mis paisanos. Porque ya no queremos que nuestro padre Díaz nos cuide. Queremos un presidente mucho mejor. Levántense con nosotros porque no nos gusta lo que nos pagan los ricos. No nos basta para comer ni para vestirnos. También quiero que toda la gente tenga su terreno; así lo sembrará y cosechará maíz, frijolitos y otras semillas. ¿Qué dicen ustedes? ¿Se juntan con nosotros?"

La devoción religiosa es un elemento que soslayan casi todos los estudios reductivos sobre el zapatismo. En su iluminador ensayo, François Chevalier fue el primero en sondear la *mentalidad* zapatista y señalar la importancia de la fe. Además de la Virgen de Guadalupe en sus estandartes, los zapatistas —recuerda Luz Jiménez— "traían sus sombreros, cada uno traía el santo que más amaba en su sombrero, para que lo cuidara". En territorio zapatista los sacerdotes no sufrieron persecución, antes al contrario: muchos contribuyeron a

125. El jefe.
126. Amador Salazar en Tlayacapan.
127. Ansiedad y esperanza.

126

127

la causa. El de Axochiapan, con un caballo; el de Tepoztlán, interpretando los papeles en náhuatl de Anenecuilco; el de Huautla, pasando a máquina el Plan de Ayala. A veces, es verdad, la religiosidad llegaba a extremos, como en el caso del general Francisco V. Pacheco, devoto del Señor de Chalma:

Era —escribe Octavio Paz Solórzano— un individuo indígena puro, alto, moreno de ojos pardos, los que nunca levantaba al conversar con alguien de quien desconfiaba y esto pasaba con la mayoría de los que lo trataban; tendría unos 40 años, era muy cuatrero para hablar, vestía con traje de casimir negro y sombrero de charro plomo o negro; casi nunca montaba a caballo, haciendo grandes caminatas a pie, sin fatigarse, como lo acostumbran los indígenas; tenía una idea de la justicia muy especial, suya, siendo inexorable y hasta llegando a la crueldad cuando se atacaban sus creencias religiosas o con los que robaban, atentaban contra las mujeres o cometían cualquier otro acto que consideraba digno de que se aplicara al culpable la pena de muerte; era a quien se atribuía aquella frase, que al poco tiempo de haber entrado los zapatistas a la ciudad de México estaba tan en boga entre los metropolitanos: "Si mi consensia me dice que te quebre, te quebro; si no non te quebro".

Porque, en efecto, aquella sociedad guerrera tenía también su cultura de la muerte. El jefe Zapata "quebraba" a los traidores pero los otros jefes eran menos exclusivos. En este ámbito feroz se distinguió Genovevo de la O. Marte R. Gómez lo vio bajarse alguna vez de un tren. El maquinista no podía echar a andar la máquina:

—Qué pasa "vale", ¿por qué no salimos?
—Porque se murió la máquina.
—¡Así te vas a morir tú también, "vale"! (le dispara y lo mata)

La otra cara del desprecio a la vida ajena era el desdén por la propia, la muy mexicana pasión de "hombrearse con la muerte", de "morir como los hombres", de resignarse. Pero aquel estoicismo innato contenía semillas de auténtico valor:

(...) casi desprovistos de armas de fuego, habían llenado, con dinamita y clavos, latas de conserva vacías provistas de mechas cortas, que encendían con sus puros y que lanzaban por medio de hondas hechas por ellos mismos con fibras de maguey. Si la mecha quedaba demasiado larga el adversario la apagaba y devolvía la bomba al atacante, con mortíferos resultados para quienes apenas estaban a cubierto. Si, por el contrario, la mecha resultaba corta, el artefacto explotaba en las manos del asaltante. Uno de éstos,

128

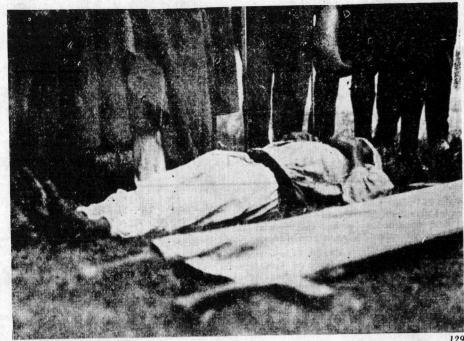

129

que acababa de quedar con el brazo derecho horriblemente destrozado, pudo tomar otra bomba con la mano izquierda y la encendió tranquilamente con su puro. En el momento en que, erguido fuera de toda protección, hacía girar su honda por encima de la cabeza, cayó bajo una lluvia de balas, gritando "¡Viva Zapata!"

Zapata se volvió un mito viviente. "Aquí hasta las piedras son zapatistas", decía uno de sus fieles y por entonces no había alma en Morelos que lo contradijera. Era "nuestro defensor", "nuestro salvador", "el Jefe", el "mero Jefe", el "azote de los traidores":

130

> Les encargó a las fuerzas surianas
>   Que como jefe y sublime redentor;
> Su memoria conserven mañana
>   Como prueba de su patrio amor.

Si ser zapatista era una misión superior a la vida, ¿cómo no iba a serlo al amor?

> Y si me niegan esas caricias
>   Porque mi traje no es de rural,
> Pueden borrarme de su lista
> Que por sentido no me he de dar
> Mejor prefiero ser Zapatista
>   Y no verdugo, cruel federal.

Hasta su cuartel general en Tlaltizapán llegaban peticiones de toda índole. Unos vecinos de Alpuyeca le piden autorizar el riego de sus tierras con el agua de la hacienda de Vista Hermosa. Una mu-

128-129. Quebrados.
130. Patrio amor.

131

jer le pide que le quite de enfrente a su antiguo amante porque "contantos amenasos lla no soy livre de salir ala calle para nada... que meade volar de un valaso". Un grupo de amigos le previene contra la traición que preparan los "finansieros de Ozumba": "proporsionan a Ud. un banquete, endonde Ud. caiga bocarriba o quede de una piesa". Los de Anenecuilco se atreven a pedirle, "como padre de nosotros", facilitarles diez pesos "inter tanto susanamos nuestras necesidades si Dios quiere nos socorre con nuestro maiz le daremos más por el dinero y si no le devolveremos sus sentavos". De Mesquitlán también piden, pero algo menos efímero:

> ...hoy el día 17 del més en curso resibimos una órden superior en donde nos biene suspendiendo nuestras siembras por conpleto, y ánparados primero á Dios y despues á lo sembrado, si és así quedamos en los laméntos, pero fiados primero á Dios, y despues en U. como padre de menores, y por tal motivo ócurrimos á U. suplicándole que alcánsemos á lo que previene ál artículo *6o.* de la ley del *Plán de Allala* por existir el título primordial del presitado pueblo, tánto como coadyovántes de lo que U. lucha,

No era extraño que llegaran a sus manos cartas conmovedoras. Una entre tantas:

> (...) nosotros las familias viudas que recibimos el maltrato quemazones desalojos, del vil Gobierno que nos despojó amargamente sin tener alguna compacion de nosotros noestros maridos desterrados y toda clase de zemillas nos la recojio el ilegal Gobierno que nos dejo en un absoluto incompleto de la ultima miseria esca-

sos de recursos sin haber en donde conseguir trabajos para ganar medio ó un real. Con este mismo objeto Señor Jefe Libertador del sur y centro nó hallamos a quien pedirle esta micericordia para que se nos socorra en algo de mais o algun piloncillo de dulce.

A Ud bellisimo Supremo le suplicamos rendidamente nos vea con compacion y cón ojos de piedad al que se digne mover su fiel corazón de que se nos proteja en algo de lo que se pueda y quedariamos agradecidos ante su felicidad que deceamos un siempre le zocorra la Eternidad una vida sana y tranquila para sus propios gosos de nuestra patria Morelos.

Como había soñado Otilio Montaño, desde la caída del gobierno de Huerta y durante todo el año 1915 Tlaltizapán se volvió la "capital moral de la Revolución". Además de oír peticiones y despachar órdenes, "en horas avanzadas de la tarde —escribe Womack— él y sus ayudantes descansaban en la plaza, bebiendo, discutiendo de gallos valientes y de caballos veloces y retozones, comentando las lluvias y los precios... mientras Zapata fumaba lentamente un buen

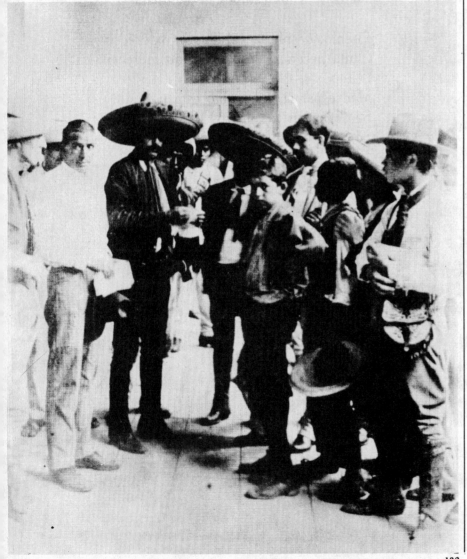

131-132. Despachando.

133

puro. Las noches las pasaba con una mujer de la población; engendró dos hijos, por lo menos, en Tlaltizapán." Las malas lenguas decían en ese tiempo que Zapata no vivía con una mujer sino con tres hermanas, "bajo el mismo techo y enmedio de la mayor armonía". Esa democracia amorosa la desplegó antes y después de aquel paréntesis: tuvo no menos de veinte mujeres y procreó no menos de siete hijos. Pero había otras cosas que lo entretenían. Le gustaba el coñac y la buena cocina francesa. Se moría de risa releyendo los pasajes más chuscos de las memorias de Lerdo, o se conmovía escuchando a su querido *Gordito* (Gildardo Magaña) recitar la larguísima "Sinfonía de combate" del bardo veracruzano Santiago de la Hoz:

> Taciturno, medroso... cabizbajo,
> Cargado de cadenas y grilletes,
>
> Allí está el pueblo... subyugado, triste.
>
> ¡Pueblo, levanta tu cerviz airado
> y lánzate a los campos de combate!
>
> ¡Pueblo, despierta ya! Tus hijos crecen
> Y una herencia de oprobio no merecen;
>
> ¡Madre patria, tu pueblo está perdido!
> ¡Se acabaron tus bravos luchadores!
> ¡Sólo queda una raza sin vigores!

133-134. Pruebas de democracia amorosa.

135

136

¡En el fango de inmensas abyecciones
Se incuban los campeones!

Y cuando el pueblo lance su rugido,
Y se inflamen sus ímpetus salvajes,
Y sacuda su ardiente cabellera,
Y levante la pica entre sus manos
Y brille desplegada su bandera,
¡Rodarán por el polvo los tiranos!

Su pasatiempo favorito, por supuesto, seguían siendo las fiestas charras. Zapata se lanzaba al ruedo junto con la cuadrilla, caracoleaba a caballo y hacía quites a pie. En lo primero, el único jefe que lo igualaba era Amador Salazar. En lo segundo, tuvo que admitir alguna vez en Yautepec la superioridad de Juan Silveti:

se divertía grandemente invitando para que se bajaran a torear (porque se toreaba en estas fiestas) a individuos remilgosos, profanos en la materia. Sobre todo en la época de la Convención que se colaron en las filas revolucionarias algunos *fifíes*, para irse a la

135. Amador Salazar con María Conesa.
136. Muy enamorado.

137

cargada, y que se atrevieron a llegar hasta Tlaltizapán, en donde se estableció el Cuartel General. Cuando había toros los hacía que echaran capotazos, siendo por lo regular revolcados, lo que producía a Zapata gran hilaridad. Lo hacía para ponerlos en ridículo...

En Cuautla, no muy lejos de Tlaltizapán, cuartel del charro entre charros, un catrín de catrines que tenía la ciudad por cárcel paseaba en el jardín sin que nadie lo molestara. El "mero Jefe" lo protegía retribuyéndole favores pasados: Ignacio de la Torre.

En rigor, no todo era quietud en aquel mundo al abrigo de la violencia. También estaba ocurriendo una revuelta pacífica en la vida material. La clase hacendada había desaparecido y Morelos era, de hecho, un territorio independiente. Adolfo Gilly ha visto en aquel paisaje social el embrión de una comuna. Quizá se aproxima mucho más a una constelación de pequeñas comunidades como las que soñó un padre del anarquismo: Kropotkin. Su sentido, en definitiva, es la vuelta, la resurrección de una armonía antigua, mítica, lejanamente perdida.

Se ejercía una democracia local y directa. El reparto de tierras se hacía de *acuerdo con las costumbres y los usos de cada pueblo*. Los jefes zapatistas tenían prohibido imponer su voluntad sobre la de los pueblos. No había policía estatal ni imposiciones verticales de cualquier orden (políticas o ideológicas). El ejército popular zapatista, verdadera "liga armada de comunidades" se plegaba —como ha visto Arturo Warman— a un orden social, democrático y civilista.

Para que aquella recuperación de los orígenes fuese cabal, había que empezar por rehacer el mapa (o, como ellos mismos decían, "la mapa"). Para ello, una generación de jóvenes agrónomos llegó a Morelos a deslindar los terrenos de cada pueblo. Formando parte de ella arribaron hombres que más tarde serían famosos: Marte R. Gómez, Felipe Carrillo Puerto. Los "ingenieritos" tenían que respetar los títulos virreinales que algunos pueblos aportaban y la opinión de los ancianos. Aquélla era una clase de historia viva. Alguna vez, dirigiéndose a Marte R. Gómez, Zapata comentó:

Los pueblos dicen que este tecorral es su lindero, por él se me van ustedes a llevar su trazo. Ustedes, los ingenieros, son a veces muy afectos a sus líneas rectas, pero el lindero va a ser el tecorral, aunque tengan que trabajar seis meses midiéndole todas sus entradas y salidas.

La recuperación del mapa y la restitución de tierras a los cien pueblos del Estado se llevaron algunos meses. Entre tanto, el poderoso Manuel Palafox, Secretario de Agricultura del gobierno convencionista, discurre la fundación de bancos y escuelas agrícolas, agroindustrias y una fábrica nacional de herramientas para el campo. Zapata echa a andar cuatro ingenios e intenta persuadir a los campesinos de que siembren cultivos comerciales en lugar de maíz y frijol. Su preocupación es más tutelar que progresista, más moral que económica:

Ahora que hay dinero, debemos ayudar a toda esa pobre gente que tanto ha sufrido en la Revolución; es muy justo que se les ayude porque todavía quién sabe lo que tenga que sufrir más adelante; pero cuando esto suceda, ya no será por culpa mía, sino de los acontecimientos que tengan que venir. Yo deseo que los ingenios subsistan; pero naturalmente no en forma del sistema antiguo, sino como "fábricas", con la parte de tierra que deba quedarles de acuerdo con el Plan de Ayala. La caña que nosotros sembremos y cultivemos la llevaremos a esas fábricas para su venta, al que mejor nos la pague, pues en estas circunstancias tendrá que producirse una competencia entre los dueños de los ingenios azucareros; y si no nos conviene el precio, pediremos que se nos "maquile", pagando por ello una cuota apropiada. Es indispensable que trabajen los ingenios azucareros, porque ahora es la única industria y fuente de trabajo que existe en el Estado. Si tenemos dificultad con los ingenios, instalaremos pequeños "trapiches" para hacer piloncillo o azúcar de purga, como antaño se hiciera en las haciendas.

138. Los ingenieritos.

139

¿Cuál era, en definitiva, su utopía personal? Soto y Gama recuerda un diálogo revelador con Enrique Villa:

—¿Qué opinas tú, Emiliano, del comunismo?
—Explícame, qué es eso.
—Por ejemplo, que todos los vecinos de un pueblo cultiven juntos, o en común, las tierras que les corresponden y que, en seguida, el total de las cosechas así obtenidas se reparta equitativamente entre los que con su trabajo contribuyeron a producirlas.
—¿Y quién va a hacer ese reparto?
—Un representante o una junta que elija la comunidad.
—Pues mira, por lo que a mí hace, si cualquier "tal por cual"... quisiera disponer en esa forma de los frutos de mi trabajo... recibiría de mí muchísimos balazos.

Tierra y libertad, ideales distintos pero inseparables e igualmente importantes. De allí que el anarquismo —que le predicaba, entre otros, el coronel Casals— "no le desagradara del todo", aunque no veía en qué superaba al único programa que, a su juicio, "haría la felicidad del pueblo mexicano": el Plan de Ayala.

Pero la raíz y el mapa de *su* utopía eran más antiguos que el Plan de Ayala. Alguna vez, cuando se le interrogó sobre "la razón primera y última de su rebeldía", Zapata mandó traer la empolvada caja de hojalata que contenía los documentos de Anenecuilco. Zapata los hojeó y dijo: "Por esto peleo."

"Esto" era la *tierra*. Zapata pelea por la tierra en un sentido religioso; por la tierra que es, para los zapatistas, como para todos los campesinos en las culturas tradicionales, "la madre que nos mantiene y cuida" (San Francisco). Por eso en su manifiesto en náhuatl a los pueblos indígenas de Tlaxcala, la palabra "patria" se vuelve "*Nuestra Madrecita la Tierra, la que se dice Patria*".

En la asociación de la tierra con la madre, en la Madre Tierra, se esconde seguramente el sentido último de la lucha zapatista, el que explica sus actos y su reticencia. La tierra es el origen y el destino, la madre que guarda el misterio del tiempo, la que transforma la muerte en vida, la casa eterna de los antepasados. La tierra es madre porque prodiga un múltiple cuidado: nutre, mantiene, provee, cobija, asegura, guarda, resguarda, regenera, consuela. Todas las culturas reconocen este parentesco mítico. En Grecia, Deméter es la amorosa y doliente madre de los granos; en Rusia —cuya cultura comunal campesina fue o es tan fuerte como la de México— el juramento más solemne se hace en el nombre de la Sagrada Tierra (Rodina) y besándola al pronunciarlo.

Zapata no peleaba por "las tierritas" —como decía Villa— sino

140. Cuidadito.

por la *Madre Tierra,* y desde ella. Su lucha se arraiga porque su lucha es arraigo. De allí que ninguna de sus alianzas perdure. Zapata no quiere llegar a ningún lado: quiere permanecer. Su propósito no es abrir las puertas al progreso (por eso Palafox le reclama haber caído a partir de 1915 en un "letargo de inactividad") sino cerrarlas: reconstruir el mapa mítico de un sistema ecológico humano en donde cada árbol y cada monte estaban allí con un propósito; mundo ajeno a otro dinamismo que no fuera el del diálogo vital con la tierra.

Zapata no sale de su tierra porque desconoce, desconfía y teme a *lo otro:* el poder central percibido siempre como un intruso, como un acechante nido de "ambiciosos" y traidores. Su visión no es activa y voluntarista, como la de todas las religiosidades marcadas por el padre, sino pasiva y animista, marcada por la madre. Su guerra de resistencia se agota en sí misma. Durante la tregua de 1915, en lugar de fortalecerse hacia afuera se aísla más, se adentra más en la búsqueda del orden perdido hasta el límite de querer reconstruirlo con la memoria de los ancianos. No es un mapa productivo lo que busca: es un lugar mítico, es el seno de la Madre Tierra y su constelación de símbolos.

141. Diputados zapatistas en la Convención.

Desgarramiento

L A ESTREPITOSA derrota del villismo a manos de Obregón cerró el paréntesis histórico. Ahora los esfuerzos carrancistas podían concentrarse en reducir por entero al zapatismo. En agosto de 1915 se inicia "la ruina de la Revolución Zapatista" que, en la frase perfecta de John Womack, no fue un derrumbe "sino un confuso, amargo y desgarrador ir cediendo". Este "ir cediendo" tuvo muchas facetas, casi todas dolorosas. En primer término la terrible violencia de los ejércitos federales. Luego de la expedición de una ley de amnistía que no dejó de mermar a las filas zapatistas, González pretende acabar con los zapatistas "en sus mismas madrigueras". En Jonacatepec hace 225 prisioneros civiles y los fusila en masa. En junio de 1916 toma el cuartel general de Tlaltizapán y da muerte a 283 personas. Los zapatistas trasladan su cuartel a Tochimilco, en las faldas del Popocatépetl. En noviembre, González justifica su introducción de una ley marcial en términos racistas: "como los enemigos no comprendieron el honor que les hizo el Constitucionalismo al concederles un plazo para que solicitaran el indulto, el que contestaron con inaudita barbarie (...) como el indio (...)". El siguiente paso de su ejército de 30 000 hombres sería multiplicar y afirmar los métodos de Juvencio Robles: incen-

143

142. Pablo González.
143. Más taciturno.

142

dios, saqueos, asesinatos en masa, deportación de poblaciones enteras y una novedad: la festiva destrucción de la propiedad:

Las fuerzas carrancistas —escribió Porfirio Palacios— destruyeron no sólo los ingenios para vender la maquinaria por fierro viejo, sino todo cuanto consideraban poder aprovechar; pues se llevaban las puertas, las bancas de los jardines públicos, hasta artefactos de otro uso, inclusive las cañerías de plomo, todo lo que más tarde era vendido por la soldadesca inconsciente en la ciudad de México, en los "puestos" de la Plazuela de las Vizcaínas o en los del "ex Volador".

Ante aquella embestida, Zapata se repliega y reanuda la guerra de guerrillas. En octubre de 1916 decide pasar a una ofensiva espectacular: entonces comienzan los ataques aislados pero efectivos a bombas de agua y estaciones tranviarias cercanas a la ciudad de México: Xochimilco, Xoco. La impresión en la opinión pública es tremenda. A fines de noviembre, González emprende la retirada. A principios de 1917 los zapatistas recuperan su estado. Al ocupar Cuernavaca, Zapata escribe a su representante en San Antonio:

Debo hacer notar a usted los innumerables abusos, atropellos, crímenes y actos de vandálica destrucción, llevados a cabo por el carrancismo durante su permanencia en estas regiones: pues aquél, en su rabia impotente, ha asolado las poblaciones, quemado casas, destruyendo sementeras, saqueando en las casas hasta las más humildes prendas de vestir, y cometiendo en las iglesias

144. Un día cualquiera.
145. Desconfianza.

sus acostumbrados desmanes. A Cuernavaca la han dejado inconocible; las casas están sin puertas, las calles y las plazas convertidas en estercoleros, los templos abiertos, las imágenes destrozadas y despojadas de sus vestiduras y la ciudad abandonada, pues se llevaron a todos los pacíficos a viva fuerza, al grado que los nuestros, al tomar posesión de la plaza, sólo encontraron tres familias ocultas, que escaparon a la leva de pacíficos.

Uno de los hechos históricos más notables de aquel nuevo capítulo de violencia que duró desde los últimos meses de 1915 hasta fines de 1916 fue que lo acompañara una gran creatividad legislativa por parte de cinco miembros de la junta intelectual del zapatismo: Luis Zubiría y Campa, Manuel Palafox, Otilio Montaño, Miguel Mendoza López Schwertfregert y Jenaro Amescua. Se diría que al expedir febrilmente ley tras ley respondían a Carranza y delineaban el país ideal que hubiesen podido gobernar.

◄
146. Bajo el sol de Morelos.
147. Los pasos de González.
148. Violencia.

En octubre de 1915 expiden la Ley sobre Accidentes de Trabajo y
la Ley Agraria. Ésta es un antecedente fundamental del artículo 27
de la Constitución, si bien no reivindica para la Nación la totalidad
del suelo y el subsuelo. Entre sus preceptos principales destaca el
reconocimiento de la personalidad jurídica de los pueblos, ranche-
rías y comunidades; las superficies máximas de propiedad por clima
y tipo de tierra; la expropiación de bosques y montes; la pérdida de
las tierras al cabo de dos años de inactividad, etc... En noviembre
los juristas de Zapata emiten la Ley General sobre Funcionarios y
Empleados Públicos, que prevé la declaración de nuevos bienes al
cesar en funciones aquéllos; la Ley General del Trabajo, que decreta
el descanso dominical, la jornada de ocho horas y el salario remune-
rador; la ley que suprime el ejército permanente y lo sustituye por
una guardia nacional; un proyecto que suprime los impuestos sobre
artículos de primera necesidad, una Ley sobre Asistencia Pública y
otra sobre la Generalización de la Enseñanza. En diciembre el ritmo
no disminuye: Ley General sobre Administración de Justicia, que
convierte las cárceles en "establecimientos de regeneración", limita
drásticamente la latitud de los embargos y decreta la abolición de la
pena de muerte; Ley sobre la Fundación de Escuelas Normales en
los Estados y un proyecto de ley sobre matrimonio. El año 1916 se
inicia con una Ley de Imprenta que prohíbe la censura, y otra, real-
mente notable, sobre la sujeción de la ley al plebiscito, entre cuyos
"considerandos" se incluían ideas puramente democráticas:

149. Embarque de zapatistas.

150

(...) El derecho de votar no alivia el hambre del votante, han dicho con amargura los desilusionados de la política; pero olvidan al hablar así que los derechos políticos y los civiles se apoyan mutuamente y que en la historia de las naciones jamás ha faltado un traidor a la causa del pueblo que al ver a éste olvidar la práctica de sus derechos políticos, se los arrebata y, junto con ellos, también los civiles.

La democracia por la que optaban los ideólogos zapatistas era directa y plebiscitaria. Ninguna autoridad podía invalidar o desconocer su mandato. El pueblo se reservaba el derecho de rebelión contra los mandatarios infieles.

El impulso alcanzó todavía para expedir una Ley de Colonización y otra de Enseñanza Primaria. Meses más tarde, el 15 de septiembre se expide otro documento notable: la Ley Municipal:

La libertad municipal es la primera y más importante de las instituciones democráticas toda vez que nada hay más natural y respetable que el derecho que tienen los vecinos de un centro cualquiera de población, para arreglar por sí mismos los asuntos de la vida común y para resolver lo que mejor convenga a los intereses y necesidades de la localidad.

A fines de 1910, ante el nuevo repliegue de González, Zapata establece en Tlaltizapán —ayudado muy de cerca por Soto y Gama— el Centro de Consulta para la Propaganda y la Unificación Revolucionaria. Su cometido era orientar a los pueblos sobre sus relaciones con las **tropas revolucionarias**, hacer lecturas públicas y explicacio-

150. Zapata con periodistas.

nes de manifiestos y decretos y, en definitiva, tender puentes de comunicación entre la Revolución y los pacíficos. A partir de marzo de 1917 se promulgaron tres disposiciones que fortalecieron aún más a los pueblos: un decreto sobre derechos mutuos de los pueblos, otro sobre el "municipio autónomo como unidad nuclear de gobierno" y una ley orgánica para los ayuntamientos de los estados. El sentido interno de este despliegue era el mismo que Zapata se había propuesto desde diciembre de 1911 al lanzar el Plan de Ayala: "respetar y auxiliar a las autoridades civiles" de los pueblos, no suplantarlas. Por desgracia —concluye Womack— en la práctica... el gobierno zapatista de Morelos fue una serie de actos burdos y desarticulados.

Pero quizá más dolorosa aún que la guerra feroz o las leyes congeladas fue la quiebra interna del zapatismo. No era sencillo justificar ante los pueblos "pacíficos" su lucha, porque el gobierno ya no lo ejercían los porfiristas sino revolucionarios capaces de emitir una ley agraria como la del 6 de enero de 1915. Era fatal que comenzasen a aflorar rencillas, dimisiones e infortunios entre los jefes zapatistas. Era la desventaja de la dispersión original. En agosto de 1916 Zapata fustigó a

los cobardes o los egoístas que... se han retirado a vivir en las poblaciones o en los campamentos, extorsionando a los pueblos o

151. General Felipe Neri.
152. Y sin embargo construyó.

152

disfrutando de los caudales de que se han apoderado en la sombra de la Revolución (...) (y han dado) ascensos o nombramientos en favor de personas que no lo merecen.

El primero en sufrir la deshonra de un confinamiento fue Lorenzo Vázquez, compañero de Zapata desde 1911 que, según el Jefe, había mostrado cobardía en su defensa de Jojutla a mediados del año de 1916.

La discordia había empezado mucho antes, con el imperio creciente de la ley del talión entre los propios jefes zapatistas. Una de las secuelas malignas comenzó el 24 de enero de 1914, día en que Antonio Barona mató a Felipe Neri sólo por haber mandado desarmar a diez hombres de su escolta. Otra víctima de Barona fue el general Francisco Estrada, pero cuando "quebró" a Antonio Silva, el jefe de éste, Genovevo de la O, lo "quebró" de vuelta: "Todavía mal herido, las gentes de De la O sacaron a Barona de la carretela en que viajaba y lo arrastraron a cabeza de silla por las calles de Cuernavaca:"

(...) lo que ese día quedó de manifiesto —escribió Marte R. Gómez— fue que el zapatismo, como grupo militar organizado y como organización civil de gobierno, se desintegraba ya. Comenzaban a faltar los cartabones que servían para establecer las jerarquías; cada quien se consideraba libre para actuar conforme a su capricho o, cuando menos, en caso de duda, se juzgaba autorizado para obrar por cuenta propia, a reserva de buscar refugio en el bando enemigo.

El siguiente jefe importante que cayó en manos de De la O fue el poderosísimo Francisco V. Pacheco, aquel indígena de crueldad mística que había llegado hasta la Secretaría de Guerra de la Convención y "dominaba casi todo el Norte del Estado de México, desde los pueblos cercanos a Toluca por el oriente y el sur, hasta los límites con Morelos y el Distrito Federal; la mayor parte del sur de éste, desde Huitzilac hasta Tizapán y las goteras de Tlalpan". Alguna vez su "consensia" le había impulsado a presentarse en la Comisaría de Toluca en la que un testigo grabaría esta escena:

Pacheco (...) inquiere por la gente que hay en los calabozos. Total: diez prisioneros. Cinco (posiblemente los que le simpatizaron) fueron puestos en libertad. El resto fue sujeto a un interrogatorio brevísimo, en el que el señor comisario dio su informe respectivo.

—Estos tres viejitos armaron un "borlote" con un peluquero y causaron escándalo entre los vecinos.

A lo que Pacheco respondió secamente:

—Apártenlos.

◄
153. Este tren no lo voló Genovevo de la O.
154. Amador Salazar.
155. Zapata entre Pacheco y Montaño.

—Este amigo —un infeliz borrachín de pulquería— golpeó a su vieja nomás porque le dieron ganas.

—Apártenlo.

—Y este "ixcuintle" —un muchacho que a lo más contaría catorce años— le levantó la mano a su tío dizque porque querían cogerlo a palos.

—Apártenlo.

Lo demás fue breve. Había un pelotón dispuesto en la Plaza de Armas. Los cinco prisioneros fueron sacados y se les fusiló sin más trámites para que aprendieran a guardar "el orden público".

En 1916 su "consensia" le había dictado acogerse a la amnistía carrancista, lo cual significó para los zapatistas, y sobre todo para De la O, en la vecina Santa María, un descalabro mayor: quedaba franca la entrada a Morelos. En escarmiento, un subalterno de De la O alcanza a Pacheco en Miscatlán, lo sorprende de noche, escondido debajo de su cama, y sin consultar mucho a su "consensia" lo fusila a quemarropa.

La muerte fortuita de Amador Salazar por una bala perdida fue un golpe para Zapata. Lo mandó sepultar, vestido de charro, en la pirámide truncada que había hecho construir en Tlaltizapán para alojar los restos de sus compañeros de armas. Pero acaso el desgarra-

154

miento mayor ocurrió en mayo de 1917, cuando un consejo de guerra integrado por Ángel Barrios, Soto y Gama, Palafox y Serafín Robles, condenó a muerte al compadre de Zapata, coautor del Plan de Ayala, aquel robusto maestro de Villa de Ayala y Yautepec que en 1909 le había ayudado a estudiar los documentos de Anenecuilco: Otilio Montaño.

Se le acusó de ser el autor intelectual de un complot contra Zapata en Buenavista de Cuéllar. Se decía que había sido visto en aquel pueblo, que existían unas cartas condenatorias, que no era la primera vez que su vocación revolucionaria flaqueaba, que el propio Zapata lo había sentido merodeando su casa. Los jueces no exhiben pruebas en contra suya ni acceden a abrir el juicio al público. Zapata se ausenta de Tlaltizapán. Antes de morir dicta un testamento en el que afirma: "Voy a morir, no cabe duda, pero ahí donde se hace la justicia, ahí los espero tarde o temprano." A Montaño, antes que nada un espíritu religioso, se le niega la extremaunción. Se resiste a morir de espaldas pero lo fuerzan. Abre los brazos y declara, "en nombre de Dios", que "muere inocente". Horas después, alguien lleva el cadáver a Huatecalco y sobre el camino real de Jojutla lo cuelga de un cazahuate, con una tabla en el pecho que advierte: "Es-

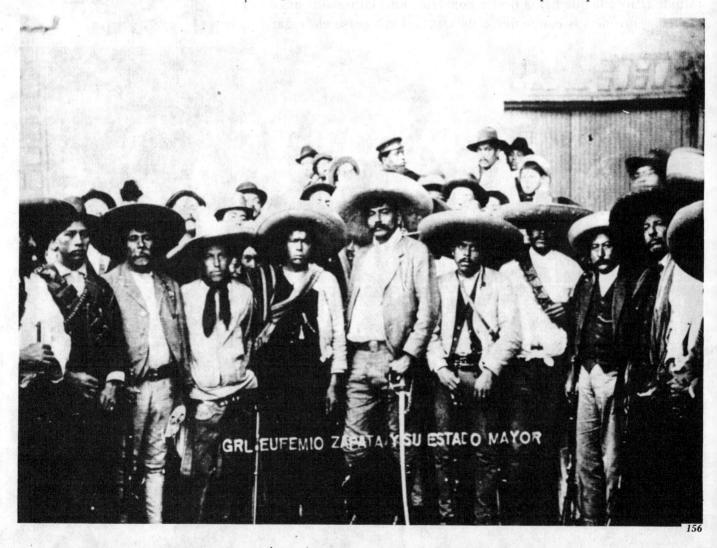

GRL. EUFEMIO ZAPATA Y SU ESTADO MAYOR

157

te es el destino que encuentran los traidores a su Patria." Días más tarde, el cadáver desaparece.

Desde hacía tiempo, desde siempre, Zapata había tenido cierto delirio de persecución. Lo obsesionaban los traidores. Una y otra vez repetía su frase predilecta: "Perdono al que roba y al que mata, pero al traidor no lo perdono." A Soto y Gama le impondría la obligación de redactar un "decreto contra los traidores... raza maldita que había que extirpar sin contemplaciones. De los traidores no hay que dejar ni la semilla". Soto y Gama, diligentemente, lo redactó.

Un mes después de la muerte de Montaño, como si la providencia ejerciera esta vez la ley del talión, murió en forma trágica Eufemio, el hermano mayor de Zapata. El doctor Víctor Manuel Guerrero, que sirvió al zapatismo, recordaba 21 años después la escena:

Eufemio era el terror de los paisanos, pero con especialidad de los borrachitos, pues se le había metido en la cabeza reformar a los sureños, quitándoles la afición por la "caña".

Apenas se sabía que Eufemio se acercaba a Yautepec, y todas las cantinas cerraban sus puertas. Infeliz del borracho a quien hallaba en la calle, porque con una vara de membrillo lo azotaba hasta que creía haberle bajado los humos del alcohol.

Esa costumbre suya fue la causa de su muerte. Cuando se convenció que en Yautepec no hallaría borrachos, se puso a perseguir a los de Cuautla. Cierto día halló a un anciano dentro de una cantina y sin consideración a sus canas, se puso a flagelarlo con su inseparable vara de membrillo.

—¿No le da vergüenza, a su edad, seguir bebiendo hasta caerse? ¡Eso le quitará el vicio!

Y mientras le soltaba frases por este estilo, lo estuvo golpeando

156-157. Eufemio murió por el alcohol.

en forma tan bárbara, que el ancianito cayó privado del sentido.

El hijo de aquel anciano a quien conocían por *el Loco Sidronio*, al saber lo ocurrido, fue a buscar a Eufemio y sin darle tiempo a defenderse, le disparó la carabina, dejándolo moribundo. Después, a cabeza de silla, lo arrastró hasta el "Guatecal", abandonándolo sobre un hormiguero.

—Aquí aprenderás a respetar las canas de los viejos —dicen que exclamó, y caracoleando su caballo se alejó del lugar.

Ustedes no saben lo que son esas hormigas. Sus picaduras son dolorosísimas, ¡hay que imaginar cómo debieron ser los últimos momentos del caudillo!

En agosto de 1917 en Tlaltizapán, Zapata se dio el gusto de recibir la cabeza de Domingo Arenas, el caudillo indígena y agrarista de Tlaxcala cuya brigada Xicoténcatl se le había sumado en el remoto noviembre de 1914. Había defeccionado del carrancismo y coqueteado un par de veces con reintegrarse al redil que por convicción e identidad le pertenecía. Ahora "el traidor" había recibido el justo castigo. ¿Quién seguiría? Los subalternos temblaban: "se le observaba más histérico…, todo le encolerizaba…, muchos jefes temían acercársele… Al Jefe no se le engaña…, el Jefe adivina lo que trae uno dentro".

El horizonte se cerraba. González y su lugarteniente principal, Jesús Guajardo, reinician la campaña con sus métodos habituales. El panorama es desolador: "campos talados, poblaciones en ruinas, ganado y semillas robadas, mujeres escarnecidas a su furor, venganzas, latrocinios y atropellos de todo género". Para colmo, hasta la naturaleza comienza a ser adversa: son los meses en que azotan el tifo, el paludismo, la disentería.

Con todo, las "liebres blancas" del zapatismo no se rinden. No

158. Zapatistas muertos en la toma de Cuernavaca.

159

obstante la presencia federal en el estado, durante buena parte de
1918 conservan su cuartel general en Tlaltizapán. En aquel año cede
la influencia de Palafox —quien de hecho deserta— y asciende la es-
trella del último intelectual de Zapata: el prudente joven zamorano
Gildardo Magaña, *el Gordito* sabio y mediador que solía recitarle la
"Sinfonía de combate".

Ante la percepción clara de su asfixia, una sola obsesión se apode-
ra ahora de Zapata: concertar alianzas. No hay jefe revolucionario o
aun contrarrevolucionario con el que no intente de algún modo, por
conducto de Magaña, pactar: Lucio Blanco —a quien había desdeña-
do en agosto de 1914, a pesar de la insistencia del *Doctor Atl*—, los
hermanos Vázquez Gómez, Félix Díaz, Manuel Peláez, Francisco Villa, Cesáreo Castro, Felipe Ángeles, Álvaro Obregón y, en un acto
supremo de desesperación, el mismísimo Carranza. En ningún caso
logra verdadero éxito, ni siquiera en su intento de atraer con nobles
manifiestos en náhuatl a las huestes indígenas del difunto Domingo
Arenas. El desaliento llega al extremo en abril de 1918: en un Manifiesto a la Nación, ejemplo —explica Womack— de "frente popular", no se menciona ya al Plan de Ayala.

Meses antes, un excéntrico periodista norteamericano, William
Gates, había persuadido a Zapata de la inminencia de una invasión
yanqui una vez liquidada la guerra europea. Zapata le cree a pie jun-

160

159. Carrancistas en Cuernavaca.
160. Gildardo Magaña y Vázquez Gómez en
San Antonio, Texas.

191

tillas. A fines de noviembre Zapata pide a Felipe Ángeles que inter-
ponga su influencia con el mariscal Foch, pues "paréceme que una
vez solucionada la cuestión europeo-americana los Estados Unidos
de Norteamérica se echarán sobre nuestra nacionalidad". De pronto, aquel celoso aislamiento explotó hasta convertirse en lo contrario: un vértigo de espacios abiertos. Había que defender no lo
minúsculo, lo propio, lo particular, sino lo mayúsculo, lo propio
de todos: "el decoro nacional". Fue entonces cuando Zapata sintió a
México vagamente. Quizá por primera vez.

El frío profesionalismo de Pablo González y "la obra pacificadora
de la influencia española" —según voceaba la prensa— cercan aún
más a los guerrilleros zapatistas que no pasan ya de unos cuantos miles. En agosto de 1918 pierden Tlaltizapán y se refugian en
Tochimilco, que no obstante su virtual inaccesibilidad, a veces debe ser evacuado hacia el pequeño Tochimizolco. En aquel instante
de supremo acoso, a principios de 1919 llega de pronto a manos de

161. Lucio Blanco y Felipe Ángeles.
162. Pablo González observa a los zapatistas.
163. Duval West y Zapata.

Zapata una serie de artículos publicados en los Estados Unidos y reproducidos profusamente en México, en los que Gates vindicaba el sentido original del zapatismo. El Jefe no disimuló su satisfacción. ¿Hacía cuánto que no recibía una señal positiva del exterior? "Ahora sí puedo morir —comentó—; hasta que se nos ha hecho justicia."

Algo interno lo llama a rebelarse de nuevo, a romper el cerco, el aislamiento, el silencio. Sin descartar nunca la búsqueda de alianzas, en marzo de 1919 publica una carta abierta a Carranza, compendio crítico que hubieran querido firmar los más radicales y sinceros anticarrancistas:

> los antiguos latifundios de la alta burguesía reemplazados en no pocos casos, por modernos terratenientes que gastan charreteras, kepí y pistola al cinto (...) (mientras) los pueblos (son) burlados en sus esperanzas.

No importa que la prosa fuese de Magaña. El ánimo, el nuevo ánimo, era de Zapata.

163

EL GRAL PABLO GONZALES OBSERVANDO LOS MOVIMIENTOS ZAPATISTAS EN SERO SANTO

JULIO, 3 DE 1915. SEGOVIA FOTO.

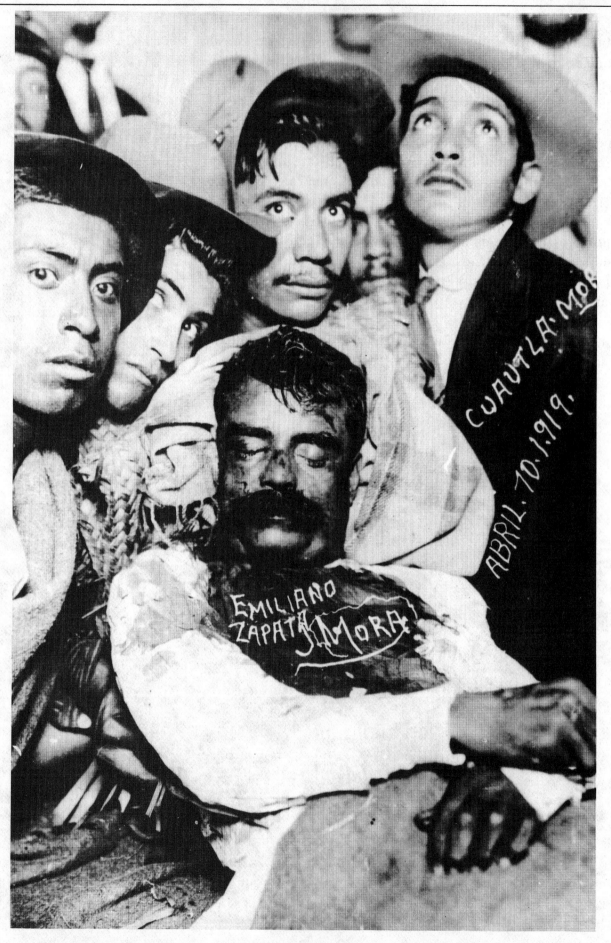

Traición y leyenda

165

NO LO ESPERABA la victoria sino el desenlace. Zapata, que temió siempre, y siempre repudió la traición, murió víctima de una traición cuidadosamente maquinada por el coronel Jesús Guajardo y su jefe, Pablo González. Hasta el campamento de Zapata habían llegado rumores de una desavenencia —no del todo irreal— entre los dos oficiales. Zapata, en su renovado optimismo, escribe a Guajardo invitándolo a cambiarse al bando rebelde. González intercepta la carta que le sirve como acicate y chantaje con Guajardo quien, por su parte, ve la oportunidad de reivindicarse y mostrar su lealtad. Contesta afirmativamente la carta de Zapata. Siempre desconfiado, Zapata le pide fusilar a la gente de Victoriano Bárcena, antiguo subordinado suyo que se había amnistiado. Guajardo sacrifica, en prenda, a Bárcenas y sus hombres. Satisfecho con la prenda —prenda contra la traición— Zapata se acerca a Guajardo, quien le regala un alazán al que llamaban *As de Oros*. El paso siguiente debía ser la entrega a Zapata de 12 000 cartuchos en la hacienda de Chinameca, la misma que Zapata, en sus años de arriero, había ayudado a construir, el escenario de su primera batalla contra los voluntarios del administrador español. Durante la mañana del 10 de abril de 1919 Zapata ronda la hacienda pero no muerde el cebo: aún desconfía. Adentro, su lugarteniente Palacios conferenciaba con Guajardo, quien invita repetidamente a comer a Zapata. Por fin, hacia la 1:45 de la tarde, Zapata accede a entrar. El mayor Reyes Avilés, testigo presencial, narra la escena:

(Zapata ordenó:) "Vamos a ver al coronel y que vengan nada más diez hombres conmigo." Y montando su caballo, se dirigió a la puerta de la casa de la hacienda. Lo seguimos diez, tal como él lo ordenara, quedando el resto de la gente muy confiada, sombreándose debajo de los árboles y con las carabinas enfundadas. La guardia formada parecía preparada a hacerle los honores. El clarín tocó tres veces llamada de honor, y al apagarse la última nota, al llegar el general en jefe al dintel de la puerta, de la manera más alevosa, más cobarde, más villana, a quemarropa, sin dar tiempo para empuñar las pistolas, los soldados que presentaban armas, descargaron dos veces sus fusiles y nuestro inolvidable general Zapata cayó para no levantarse más.

Como ha ocurrido siempre en la historia de los héroes populares, corrieron los rumores más extraños: el cadáver que exhibieron en Cuautla no tenía una pequeña verruga en la cara, o la manita en el

164. ¿Sería él o su compadre?
165. Jesús Guajardo.

166.

pecho, y por ello no era el de Zapata; o tenía el dedo chico completo, por lo que tampoco era; unos juraban que por las noches aparecía montado en *As de Oros;* otros, mucho tiempo después, dijeron haber visto a un anciano tras la puerta tapiada de una casa en Anenecuilco: debía ser Zapata. Hubo quien 19 años después afirmara:

> Yo vi su cadáver. A ese que mataron no era don Emiliano, sino su compadre Jesús Delgado. ¡Dígame a mí si no iba a conocerlo, yo que "melité" a sus órdenes y gané aquellas estrellas!

A los ochenta años de edad, un veterano zapatista daba otra versión más:

> No fue Zapata quien murió en Chinameca, sino su compadre, porque un día antes recibió un telegrama de su compadre el árabe. Ahora ya murió Zapata, pero murió en Arabia, se embarcó en Acapulco rumbo a Arabia.

En el verano de 1926, el excelente antropólogo norteamericano Robert Redfield recogió de labios de un cantor del Sur, este corrido:

166. "No tiene la verruga".

Han publicado, los cantadores,
   una mentira fenomenal,
y todos dicen que ya Zapata
   descansa en paz en la eternidad.

Pero si ustedes me dan permiso
   y depositan confianza en mí,
voy a cantarles lo más preciso,
   para informarles tal como vi.

Como Zapata es tan veterano,
   sagaz y listo para pensar,
ya había pensado de antemano
   mandar otro hombre en su lugar.

"Debo decirle —confesó alguna vez Zapata a su buen *Robledo*—
que no veré terminar esta revolución, porque las grandes causas no
las ve terminar quien las inicia, prueba de ello es el señor cura Hidalgo." ¿Qué hubiese pensado de la forma en que los regímenes pos-
teriores a su muerte adoptaron, modificaron y muchas veces traicio-

167. ¿Otro hombre en su lugar?

naron su idea original? Una cosa es clara: sin **Zapata** la Reforma Agraria es incomprensible. Pero sólo una parte de ella, un momento de ella, fue en lo esencial zapatista. El resto fue más un fruto de la ciudad que del campo, del progreso que de la autarquía, del poder que de la libertad, de las "banquetas" más que de *la tierra*. Zapata hubiese simpatizado con Cárdenas pero no con todos los agraristas ni los agrónomos y menos aún con la tutela estatal sobre el ejido. Lo más seguro es que —anarquista natural— hubiese seguido haciendo *su* revolución.

Como el de todas las revoluciones campesinas en el siglo XX, el destino del movimiento zapatista y de su propio caudillo tenía que ser esencialmente trágico. Pero si *su tierra* se perdió en un enjambre de traiciones, ambiciones y banquetas, la propia tierra nos devuelve, una y otra vez, su símbolo, inaprehensible para la historia pero cercano a la religión.

Octavio Paz, cuyo padre vivió trágicamente el zapatismo como una poesía, extrajo de su memoria familiar —tierra de recuerdos— la poesía del zapatismo:

No es un azar que Zapata, figura que posee la hermosa y plástica poesía de las imágenes populares, haya servido de modelo una y otra vez, a los pintores mexicanos. Con Morelos y Cuauhtémoc es uno de nuestros héroes legendarios. Realismo y mito se alían en esta melancólica, ardiente y esperanzada figura, que murió como había vivido: abrazado a la tierra. Como ella, está hecho de paciencia y fecundidad, de silencio y esperanza, de muerte y resurrección.

168

169

168-169. Héroe legendario.
170. El mero jefe.

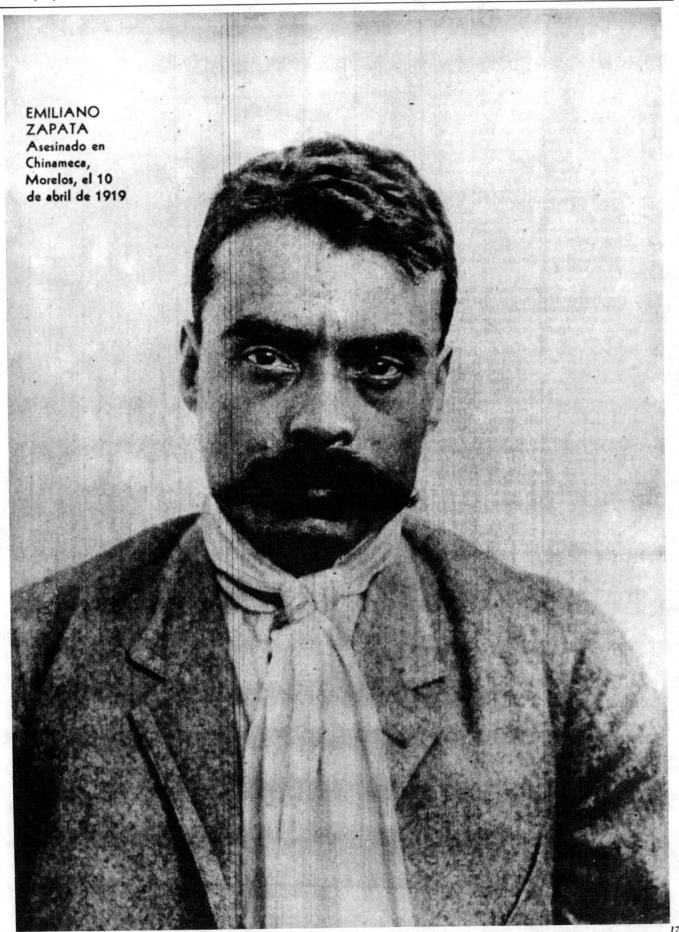

EMILIANO
ZAPATA
Asesinado en
Chinameca,
Morelos, el 10
de abril de 1919

Créditos fotográficos

1-14. Biblioteca Nacional.

15-16. Hemeroteca Nacional.

17. Hemeroteca Nacional.

18. Hemeroteca Nacional. Tetabiate, jefe de los yaquis.

19-20. Archivo General de la Nación.

21. Hemeroteca Nacional.

22. Archivo General de la Nación.

23. Biblioteca Nacional.

24. Archivo General de la Nación.

25. Biblioteca Nacional.

26. Archivo General de la Nación.

27-28. Biblioteca Nacional.

29. Archivo General de la Nación.

30-31. Biblioteca Nacional.

32-34. Archivo General de la Nación.

35. Hemeroteca Nacional.

36. Biblioteca Nacional.

37. Centro de Estudios sobre la Universidad. UNAM. Archivo Magaña.

38-39. Biblioteca Nacional.

40. Hemeroteca Nacional.

41-42. Archivo General de la Nación.

43. Hemeroteca Nacional.

44. Archivo General de la Nación.

45. Centro de Estudios sobre la Universidad. UNAM. Archivo Magaña.

46. Filmoteca de la UNAM.

47. Biblioteca Nacional.

48. Hemeroteca Nacional.

49. Archivo fotográfico del Fondo de Cultura Económica.

50. Hemeroteca Nacional.

51. Biblioteca Nacional.

52-54. Hemeroteca Nacional.

55. Centro de Estudios sobre la Universidad. UNAM. Archivo Magaña.

56-58. Hemeroteca Nacional.

59-60. Centro de Estudios sobre la Universidad. UNAM. Archivo Magaña.

61-62. Hemeroteca Nacional.

63. Archivo General de la Nación.

64. Centro de Estudios sobre la Universidad. UNAM. Archivo Magaña.

65-66. Hemeroteca Nacional.

67. Centro de Estudios sobre la Universidad.

UNAM. Archivo Magaña.

68. Centro de Estudios de Historia de México Condumex.

69. Centro de Estudios sobre la Universidad. UNAM. Archivo Magaña.

70-71. Hemeroteca Nacional.

72. Centro de Estudios sobre la Universidad. UNAM. Archivo Magaña.

73-74. Hemeroteca Nacional.

75. Centro de Estudios sobre la Universidad. UNAM. Archivo Magaña.

76. Biblioteca Nacional.

77. Biblioteca Nacional. De izquierda a derecha: personaje no identificado; Abraham Martínez, secretario particular de Zapata; Eufemio Zapata; personaje no identificado; Alfredo Robles Domínguez; Emiliano Zapata; los dos últimos no se identificaron.

78. Biblioteca Nacional. Emiliano y Eufemio Zapata y Abraham Martínez.

79. Centro de Estudios sobre la Universidad. UNAM. Archivo Magaña. Hotel Coliseo de la ciudad de México, junio 24 de 1911. Zapata acompañado por Tirso Espinosa, Gildardo Magaña, M. Mejía, Abraham Martínez, Jesús Jáuregui, Rodolfo Magaña, Eufemio Zapata y Próculo Capistrán.

80. Biblioteca Nacional.

81. Centro de Estudios de Historia de México Condumex. Fábrica La Carolina en Cuernavaca.

82. Hemeroteca Nacional.

83. Biblioteca Nacional.

84-85. Hemeroteca Nacional.

86. Biblioteca Nacional.

87. Centro de Estudios sobre la Universidad. UNAM. Archivo Magaña.

88-89. Biblioteca Daniel Cosío Villegas de El Colegio de México.

90. Anita Brenner, *The Wind that Swept México.*

91-93. Hemeroteca Nacional.

94. Centro de Estudios sobre la Universidad. UNAM. Archivo Magaña.

95-97. Hemeroteca Nacional.

98-99. Biblioteca Nacional.

100. Centro de Estudios sobre la Universidad. UNAM. Archivo Magaña.

101-102. Patrimonio Universitario. UNAM.

103. Hemeroteca Nacional.

104-107. Centro de Estudios sobre la Universidad. UNAM. Archivo Magaña.

108. Centro de Estudios de Historia de México Condumex.

109. Centro de Estudios sobre la Universidad. UNAM. Archivo Magaña.

110. Hemeroteca Nacional.

111. Archivo General de la Nación.

112. Hemeroteca Nacional.

113. Centro de Estudios sobre la Universidad. UNAM. Archivo Magaña.

114. Centro de Estudios de Historia de México Condumex.

115. Centro de Estudios sobre la Universidad. UNAM. Archivo Magaña.

116-119. Hemeroteca Nacional.

120. Centro de Estudios sobre la Universidad. UNAM. Archivo Magaña.

121. Hemeroteca Nacional.

122. Centro de Estudios sobre la Universidad. UNAM. Archivo Magaña.

123-124. Hemeroteca Nacional.

125. Centro de Estudios sobre la Universidad. UNAM. Archivo Magaña.

126-129. Hemeroteca Nacional.

130. Centro de Estudios sobre la Universidad. UNAM. Archivo Magaña.

131. Hemeroteca Nacional.

132. Centro de Estudios sobre la Universidad. UNAM. Archivo Magaña.

133-135. Hemeroteca Nacional.

136. Archivo General de la Nación.

137. Hemeroteca Nacional.

138. Centro de Estudios de Historia de México Condumex.

139. Centro de Estudios sobre la Universidad. UNAM. Archivo Magaña.

140. Hemeroteca Nacional.

141. Centro de Estudios sobre la Universidad. UNAM. Archivo Magaña.

142-144. Hemeroteca Nacional.

145. Archivo General de la Nación.

146. Centro de Estudios sobre la Universidad. UNAM. Archivo Magaña.

147-151. Hemeroteca Nacional.

152. Centro de Estudios de Historia de México Condumex.

153. Biblioteca Nacional.

154. Hemeroteca Nacional.

155. Hemeroteca Nacional. Zapata entre Otilio Montaño y Francisco V. Pacheco (izquierda de Zapata), Serafín Robles, extrema derecha sentado. Coronel José Rodríguez, extrema izquierda de pie. Coronel Sabino Domínguez, de pie entre Montaño y Zapata. Coronel Benjamín Villa, entre Zapata y general Pacheco. Mayor Francisco Acevedo, entre Pacheco y Robles.

156. Centro de Estudios sobre la Universidad. UNAM. Archivo Magaña.

157. Centro de Estudios de Historia de México Condumex.

158-159. Hemeroteca Nacional.

160. Centro de Estudios sobre la Universi-

128

dad. UNAM. Archivo Magaña.
161. Centro de Estudios de Historia de México Condumex.
162. Hemeroteca Nacional.
163. Biblioteca Daniel Cosío Villegas de El Colegio de México.
164. Archivo de la Dirección General de Derechos de Autor. SEP.
165. Centro de Estudios de Historia de México Condumex.
166-168. Hemeroteca Nacional.
169. Centro de Estudios sobre la Universidad. UNAM. Archivo Magaña. Traslado de las cenizas de Zapata a Cuautla.
170. Hemeroteca Nacional.

Bibliografía

Alessio Robles, Vito: "La Convención Revolucionaria de Aguascalientes", XXXIII, *Todo*, 15 junio 1950.

Alpuche y Silva, Fernando: "El general Emiliano Zapata", *El Nacional*, 20 julio 1941.

Ángeles, Felipe: *Genovevo de la O*, Cuadernos Mexicanos, Sep.

Anónimo: "Tres anécdotas de Emiliano Zapata", *La Prensa*, 10 abril 1931.

Anónimo: "Zapata, ¿bandido o apóstol? *Hoy*, 14 febrero 1948.

Archivo Jenaro Amezcua, Centro de Estudios de Historia de México Condumex, VIII-2, Manuscritos, Carpeta 1 — Legajos: 32, 35, 55, 64, 67, 84, 98, 102, 106, 110, 118, 126, 128, 150, 153, 175. Carpeta 3 — Legajos: 194, 195, 197, 202, 205, 211, 213, 214, 216, 219, 222, 225, 226, 228, 230, 232, 234, 235, 239, 241, 243, 252. Carpeta 5 — Legajo: 439.

Arenas Guzmán, Diego: "La intransigencia de Zapata", *El Universal*, agosto 1933.

Barrera Fuentes, Florencio (comp.): *Crónicas y debates de las sesiones de la Soberana Convención Revolucionaria*, 3 vols., México, 1964-1965.

Campos Alatorre, Cipriano: "Dos hombres de Zapata", *El Universal Gráfico*, 9 junio 1937.

Coatsworth, John H.: "Patterns of Rural Rebellions in Latin America: Mexico in Comparative Perspective", The University of Chicago.

Chaverri Matamoros, A.: "El archivo de Zapata", VII, *La Prensa*, 24 de septiembre 1935.

———: "El archivo de Zapata", X, *La Prensa*, 27 de septiembre de 1935.

Chevalier, François: "Un factor decisivo de la revolución agraria de México: 'El levantamiento de Zapata' (1911-1919)" *Cuadernos Americanos*, CXIII, (6 noviembre de 1960), 165-87.

Delgado, Miguel R.: *El testamento político de Otilio Montaño*. México, 1920.

Díaz Díaz, Fernando: *Caudillos y caciques*, El Colegio de México, 1972.

Díaz Soto y Gama, Antonio: "Cómo era Zapata", *El Universal*, abril 7, 1943.

———: "El sur encuentra su caudillo", *El Universal*, febrero 3, 1954.

———: "Un noble amigo de Zapata", *El Universal*, diciembre 13, 1950.

———: "Zapata y Villa creyentes". *El Universal*, abril 6, 1949.

———: *La Revolución agraria del Sur y Emiliano Zapata su caudillo*, Ediciones El Caballito, México, 1976.

Díez, Domingo: *Bosquejo histórico-geográfico de Morelos*, Ediciones Centenario, Summa Morelense, 1967.

Documentos inéditos sobre Emiliano Zapata y el Cuartel General. Seleccionados del Archivo de Genovevo de la O, que conserva el Archivo General de la Nación, 1979.

"El testamento político de Otilio Montaño", *Excélsior*, enero 21 de 1919.

Eliade, Mircea: *Tratado de historia de las religiones*, Ediciones Era, 1964.

Emiliano Zapata y el movimiento zapatista, Cinco ensayos, Sep-INAH, 1980.

Gill, Mario: "Zapata: su pueblo y sus hijos", *Historia Mexicana*, Vol. II, octubre-diciembre 1952, núm. 2.

Gómez, Marte R.: *Las comisiones agrarias del sur*, Librería de Manuel Purrúa, 1961.

González Ortega, José: "Cómo murió Eufemio Zapata", *Todo*, enero 13, 1944.

González Ramírez, Manuel: *Manifiestos políticos*, Tomo IV de las *Fuentes para la Historia de la Revolución Mexicana*, Fondo de Cultura Económica, 1974.

———: *Planes políticos y otros documentos*, Tomo I de las *Fuentes para la Historia de la Revolución Mexicana*, Fondo de Cultura Económica, 1974.

González y González, Luis: *El indigenismo de Maximiliano*, IFAL, México, 1965.

Guzmán, Martín Luis: *El águila y la serpiente*, Compañía General de Ediciones, México, 1966.

Hernández, Alicia: *Haciendas y pueblos en el Estado de Morelos 1535-1810*, Tesis de maestría en historia, El Colegio de México, 1973.

Horcasitas, Fernando: *De Porfirio Díaz a Zapata*, Memoria Náhuatl de Milpa Alta, Instituto de Investigaciones Históricas, UNAM, 1968.

León Portilla, Miguel: *Los manifiestos en náhuatl de Emiliano Zapata*, Instituto de Investigaciones Históricas, UNAM, 1978.

López González, Valentín: *Francisco Leyva Arciniegas*, Summa Morelense.

———: *Los compañeros de Zapata*, Ediciones del Gobierno del Estado Libre y Soberano de Morelos, 1980.

———: "Los plateados de Morelos", (Manuscrito).

———: *Plan de Ayala*, Cuadernos Zapatistas, 1979.

———: *Reforma y ratificación del Plan de Ayala*, Cuadernos Zapatistas, 1979.

López y Fuentes, Gregorio: *Tierra*, México, 1933.

Magaña Cerda, Octavio: "Historia documental de la Revolución", *El Universal*: XCIII, agosto 10, 1950; CLXXXV, noviembre 10, 1950; CXCIV, noviembre 19, 1950; CCXII, diciembre 10, 1950; CCCXLII, mayo 19, 1951.

Magaña, Gildardo: *Emiliano Zapata y el agrarismo en México*, tres tomos, 1934, 1937, 1946.

Maria y Campos, Armando de: "Reto de Zapata al constitucionalismo", *Revista ABC*, 10, enero 17, 1953.

Martínez Mancera, Salvador: "Perdura en el sur la leyenda de que Emiliano Zapata no ha muerto", *El Universal Gráfico*, abril 13, 1938.

Mena Brito, Bernardino: "El verdadero zapatismo", *El Universal*, julio 8, 1941.

Meyer, Jean: *Problemas campesinos y revueltas agrarias (1821-1910)*, Sep-Setentas, 1973.

Miranda, José: *Vida colonial y albores de la independencia*, Sep-Setentas, 1972.

Palacios, Porfirio: *Emiliano Zapata, datos biográfico-históricos*, México, 1960.

Paz, Octavio: *El laberinto de la soledad*, Fondo

de Cultura Económica, 1959.

———: *Posdata*, Siglo XXI, México, 1970.

Paz Solórzano, Octavio: *Hoguera que fue* (compilado por Felipe Gálvez), Universidad Autónoma Metropolitana, 1986.

Redfield, Robert: *Tepoztlán: A Mexican Village, A Study of Folk Life*, The University of Chicago, 1930.

Reina, Leticia: *Las rebeliones campesinas en México (1819-1906)*, Siglo XXI, 1980.

Robles, Serafín M.: "Emiliano Zapata era todo un charro" en *La Prensa*, mayo 1o., 1936.

———: "Zapata, agricultor", *La Prensa*, junio 17 1936.

———: "Zapata era enemigo de la lisonja", *La Prensa*, abril 29, 1936.

Salazar Pérez, Juan: *Otilio Montaño*, Cuadernos Morelenses, 1982.

Sotelo Inclán, Jesús: *Raíz y razón de Zapata*, México, 1943.

Taracena, Alfonso: "Madero quiso refugiarse con Zapata", *Revista de Revistas*, septiembre 22, 1957.

———: "Otilio G. Montaño. Agrarismo", *Hoy*, septiembre 25, 1943.

Torres, Elías L.: "No te descuides Zapata", *Jueves de Excélsior*, abril 1937.

Trujillo, Daniel R.: "Memorias revolucionarias de un suriano zapatista", *El Legionario*, marzo 15, 1950.

Ulloa, Berta: *La encrucijada de 1915*, Tomo 5 de la *Historia de la Revolución Mexicana*, periodo 1914-1917, El Colegio de México, 1979.

———: *La Revolución escindida*, Tomo 4 de la *Historia de la Revolución Mexicana*, Periodo 1914-1917, El Colegio de México, 1979.

Warman, Arturo: *El proyecto político del zapatismo*, SSRC, Conference II on Comparative Peasants Rebellions in Mexico, 1982.

Wolf, Eric R.: *Las luchas campesinas del siglo XX*, Siglo XXI, México, 1972.

Womack, John: *Zapata y la Revolución mexicana*, Siglo XXI Editores, México, 1969.

Zapata, Emiliano: "Manifiesto al pueblo mexicano", *Revista Mexicana de Sociología*, marzo 11, 1917.

———: "Declaraciones de Emiliano Zapata a *El País*," junio 21 de 1911.

Zapata, Ma. de Jesús: "Emiliano Zapata iba corneado cuando se fue a la Revolución", *La Prensa*, abril 15, 1952.

Índice

Este libro se terminó de imprimir y encuadernar en el mes de junio de 1992 en los talleres de Encuadernación Progreso, S. A. de C. V., Calz. de San Lorenzo, 202, 09830 México, D. F. Se tiraron 20 000 ejemplares.